なぜ日本人は世界の残酷さを理解できないか

日本語特性からみた これからの日本社会の展望

井上良一 著

社会評論社

カバー刺繍：井上圭子作
著者の姉である作者は 2011 年（東日本大震災の年）COPD が原因で他界した。生前、油絵などのほか、
刺繍、レース編み等に取り組んだ。図は径 約80cm の刺繍（テーブルクロスの中心部分、図柄は蝶と花）。

目　次

はじめに …………………………………………………………………………………… 1
　　なぜ日本人は世界の残酷さを理解できないか
　　インテリジェンス（日本的インテリジェンスと欧米型インテリジェンス）

1　日本人の特性を作っているのは日本語にある ……………………………… 4
　　高度経済成長の時期は、日本人論が盛んだった
　　アメリカは先進事例ではない
　　「もっとも基本的なものは、日常的なものに宿る」

　1）日本語のコミュニケーションの難しさ ……………………………………… 6
　　　日本語が持つ特質が日本人を作り上げている
　　　日本語の敬語は「相対的敬語」＝相手によって敬語の内容を変えなければならない。
　2）たどり着いた日本語の位置付け ……「相手の立場に立ってモノ言う言語」 ……………… 7
　3）日本語ではなぜ相対的敬語が発達したのか（仮説の仮説）………………… 8
　　　日本人と欧米人の違いを生み出しているもの
　　　角田忠信さんと峰島さんとの対談　日本語人の脳
　　　日本語は子音と母音が一体
　　　生まれた時点では日本語人ではない
　4）欧米文化との違いは日本語に発する＝それぞれに特質がある ……………… 11
　　　欧米＝対等感　日本＝秩序意識
　　　憧れるのをやめましょう
　5）日本語はどこから来たか　日本語の起源 …………………………………… 12
　　　孤立言語というのが定説
　6）日本語からくるいくつかの特性について …………………………………… 13
　　　日本語の構造に発する文学の特徴～日本語社会における感性と理性の究極の形
　　　和歌や俳句の精神
　　　ワンフレーズ
　7）受信得意ではあるけれど …………………………………………………… 14
　　　自意識過剰　発信力弱いことの別表現のようなもの
　　　受信得意の日本人
　　　新しいものはなんでも移入し、既存の仕組みに重ねていく
　　　日本語の文字の種類の由来
　　　神仏混淆
　8）受け身を脱する、自発性に関する自覚ができるか ………………………… 15
　　　受け身になり易い傾向
　　　受け身になり易い傾向をいかに克服するか
　　　海外のものを無批判に受け入れればいいというものではない
　　　今、海外に学ぶべきこと。今、顧みるべきは自らの姿
　　　受け身から自発性へ……自己の中のロジックを作る
　　　取り込み姿勢から発信体制への転換が課題

2 忖度は日本人の人間関係の基本である ……………………… 18
■ 参照「忖度言語」日本語を再評価する

1) 日本語の敬語自体が忖度の実態を作り出す ……………………… 18
おもてなし
2) 海外には忖度はない ……………………………………………… 18
3) 赤ん坊の時から育まれる忖度 …………………………………… 19
4) 中元・歳暮の贈答はなぜ慣習化しているか …………………… 19
5) 日本型インテリジェンスには忖度が存在する ………………… 19
6) 迎合することは忖度ではない（事大主義と忖度は、似て非なるもの） …… 19
7) 財務省における公文書改竄 ……………………………………… 20
8) 忖度は日本人の基本的性格を形成していることを再確認する … 20

3 日本語特性としての日本人の時間意識 ……なじみ ………… 21
なじみの構造

1) 日本語世界には心理的な参入障壁がある ……………………… 21
2) 帰国子女の悩み …………………………………………………… 22
3) 紹介 ………………………………………………………………… 22
4) 名刺 ………………………………………………………………… 22
5) 仲介　仲介業〜商社　メディア　士業等 ……………………… 22
6) 商社・メディア・士業 …………………………………………… 23
7) 行政も仲介業として大きな機能を持っている　行政書士とは … 23
8) 政策よりも「なじみ」優先＝政治家の場合 …………………… 24

4 タテ社会を導く日本語の世界 ……………………………… 25

1) ウチ、ソトの峻別　身内贔屓　恥 ……………………………… 25
ソトの世界に関することは、感性が先行する。
ソトとの争いについて収束の仕組みが存在しない　海外から恐れられてきた点はここにある
2) タテ社会は重層関係にある ……………………………………… 27
3) 一見の客お断り …………………………………………………… 27
4) 「この道一筋」志向 ……………………………………………… 27
5) 事大主義　秩序志向 専門化が進むに伴いタテ意識が強まる … 27
6) 本音と建前 ………………………………………………………… 28
7) 社会意識形成の困難　社会意識形成の方策 …………………… 28
社会意識形成の困難
社会意識形成の方策
8) ソトの世界では同調するしか方法がないことが多い …………… 28

5 日本語特性としてのボトムアップ ………………………… 30
役所に入ったその日に、ボトムアップという環境に晒される
出発点は自分＝ボトムアップ

1) 日本はトップダウン社会か？ …………………………………… 31
2) 情報システムとしてのボトムアップ構造 ……………………… 32

iv

日本型情報システムとして情報ルート＝ボトムに情報が集約する社会

　3）組織のフラット化 ……………………………………………………………… 32
　4）全員企画構造 …………………………………………………………………… 33
　5）分権化との親和性 ……………………………………………………………… 33
　6）日本における軍隊型組織の機能 ……………………………………………… 33
　　　軍隊型組織とボトムアップの相剋
　7）日本的リーダーシップのあり方とは ………………………………………… 34
　　　ボトムアップ社会におけるリーダーシップ教育
　8）危機に際して機能しないボトムアップ組織 ………………………………… 35

6　日本社会の大きな変化 ……………………………………………………… 36
～1回限りのはずの変化を2度まで経験……もう繰り返しはない（ように）～

　1）大量生産時代の終わり＝必要を最低限満たす社会となった ……………… 36
　　　高度経済成長が終焉したのは経済の成熟化によるものである。
　　　表れやすい日本の成長限界
　2）都市への移動 …………………………………………………………………… 37
　3）コミュニティの崩壊　都市社会では地域コミュニティは育ちにくい……… 38
　4）IT 社会の到来 ………………………………………………………………… 38
　　　当惑を孕める報告（稟議制度の一考察）の序からの引用
　5）カタカナ語の氾濫 ……………………………………………………………… 41
　　　日本語の言葉の乱れ
　6）高度経済終焉後における組織の化石化 ……………………………………… 41
　7）新自由主義経済の浸透　経済発展の特質からくる課題 …………………… 42
　8）成熟社会にあっては需要と供給のバランスを取る ………………………… 42
　　　■参照「需要力の拡大が日本経済再生の唯一の方向」
　　　需要と供給の関係を再確認しよう
　　　新しい経済の方向
　　　関西生コンへの諸機関の対応の誤り

7　渡来の仕組みと日本の仕組みとの不整合 ………………………………… 45
　　　日本人は、なぜ現在の大転換に対応できないままなのか
　　　経済環境の変化に伴う不整合
　　　供給過剰社会＝ゴミ屋敷、断捨離、捨てる技術
　　　生産力を高めるというのは資本主義経済の基本だが
　　　既得権に甘んじる体質
　　　リーダーの不在

　1）自由度を高めれば、経済は成長するという発想に基づく新自由主義の誤り ………………… 48
　　　高度経済成長期の考え方からの脱却……（新自由主義を排する）
　　　「もうひとつの資本主義へ～宇沢弘文という問い」FB 投稿記事
　　　　　　公益資本主義とは何か
　　　　　　教育投資
　　　　　　職業移動を可能とするリスキリング
　　　　　　年功序列制度は変わりうるのか
　　　新自由主義経済を「行政指導」する政府

2）成長社会の残像が強すぎる　高度経済成長期の考え方からの脱却 ……………………… 52
　　インボイス制度は労働力不足社会で余剰人口として吐き出させるたくらみか？
　　大企業の自立　大企業自身は行政依存からの脱却する……一方、役所は大企業育成を卒業する
　　　■ 参照「役所の持っている役割」
　　選択と集中
　　過当競争・談合社会
　　護送船団方式

3）メディア ………………………………………………………………………………………… 54
　　「受け身」体質を利用したマスコミによる支配

4）IT　日本でどこまで活用できるか ………………………………………………………… 54
　　住民基本台帳ネットワークシステム　マイナンバーカード
　　IT システムと役所のシステムとの違い

5）行政・政治 …………………………………………………………………………………… 55
　　行政と政治の現在の立ち位置……行政国家論
　　行政国家の成長＝ディープステート
　　政治権力の拡大　しかし、政策を作るところに権力がある
　　小選挙区制度導入の結果として世襲化を促進
　　　■ 参照「日本政治はなぜ金がかかるのか」
　　国会の不思議　〜議場の作り、質問時間設定〜

6）ボトムアップの予算査定システム ………………………………………………………… 59
　　ボトムアップ型予算査定システムの限界

7）積極財政について ……………………………………………………………………………… 60
　　　■ 参照「日本の財政赤字の解消法はあるのか」
　　国際環境の大きな変化を捉え直す勇気を

8）教育 …………………………………………………………………………………………… 61
　　再挑戦を可能とするための職業教育の仕組みの構築へ
　　不登校・引きこもりの日本的特徴
　　「引きこもりの7割は自立できる」書評
　　「子は親の背中を見て育つ」
　　伝統的なコミュニティがあった〜日本語環境としては極めて重要
　　コロナ禍における不登校の急増

8　これからの日本社会への希望 ……………………………………………………… 67
〜ポスト産業社会の構図をどのように作るか

1）新しい公共の創出 …………………………………………………………………………… 67
　　新しい公共の確立
　　　■ 参照「新しい資本主義」雑考
　　公共的事業の民営化が効率化をもたらすか
　　郵政民営化の失敗

2）職業移動の自由の拡大　そのための公的な環境における IT 教育 …………………… 69
　　ヨコ型職業移動の仕組み
　　人材育成としての多年代型教育スタイル

3）これからの中小企業政策 …………………………………………………………………… 70
　　中小企業王国の再生。
　　中小企業をヨコに繋ぐ＝IT の活用

4）政治はソトか、ウチか ……………………………………………………… 72
　　政治はソトか
　　全体の奉仕者
　　公務員制度を変える
　　政策本位での選挙
　　緊急事態条項の発想の誤り
　　小さな政府・大きな政府論を乗り超える

5）地方の時代～地域が主役の時代をめざす～ ……………………………… 74
　　「地方の時代」の実態を作る。
　　地方の時代と長洲県政（自治研かながわ　投稿記事　一部改変しています）
　　　　1　長洲県政誕生前後の時代背景
　　　　2　長洲県政の諸政策
　　　　3　高度経済成長路線からの転換の方向としての「地方の時代」
　　　　　　自治と連帯の社会へ
　　　　　　「生活者」の心がしみとおり、脈打つ県政
　　　　　　自治体の自己革新を目指す
　　　　　　福祉型成長と頭脳センター構想、環境政策
　　　　　　既存施設のリニューアル
　　　　　　高校100校計画
　　　　4　長洲県政の成果は　その後生かされたか
　　　　5　長洲県政の今日的意義
　　地域が主役の時代をめざす
　　過去の言葉を使わない　イデオロギーの時代を脱皮する
　　新しい地域コミュニティの創造　新しい近隣の育て方
　　地域コーディネーター
　　市民メディアの構築～市民チャンネルテレビ　受け身型媒体の逆利用　ノウハウの交換の場とする

6）国際関係 ……………………………………………………………………… 84
　　日本語の特質を再認識し、国際社会における役割を果たす
　　SDGsについて

7）21世紀の経済システムとしての社会的連帯経済 ……………………… 85
　　社会的連帯経済の普及
　　社会的連帯経済
　　GSEF（グローバル・ソーシャル・エコノミー・フォーラム）について

8）成長しなくても豊かな社会を作っていく ………………………………… 87
　　成長しなくても豊かな社会を作る
　　2極分化の阻止が最大の命題
　　「資本主義の次にくる世界」書評
　　　　　　経済成長が永遠に続くというのは資本主義についての幻想

おわりに ………………………………………………………………………… 92
付　録「なぜ日本人は世界の残酷さを理解できないか」曼荼羅について ……… 93

日本語の特性について、「日本語人のまなざし」(社会評論社 2018 年)において作成した図式について「社会的連帯経済への道」(同 2021 年)で改訂版を作成しておりますので、ここに転載させていただきました。

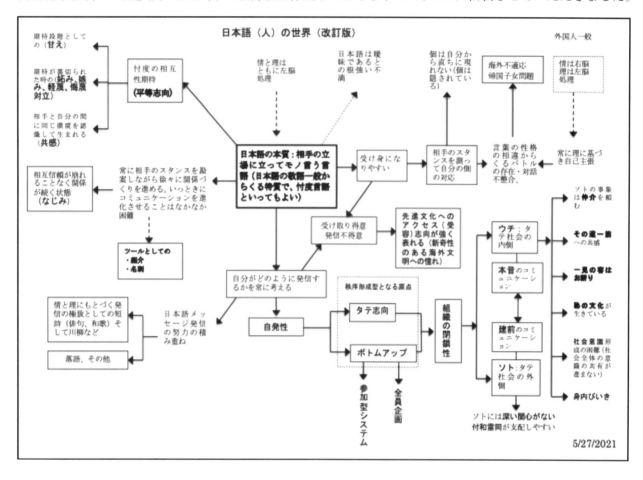

なぜ日本人は世界の残酷さを理解できないか
～日本語特性から見た　これからの日本社会の展望～

はじめに

なぜ日本人は世界の残酷さを理解できないか

　この表題について、「日本も世界の現実を知って身構えよ」というメッセージだと取る方がいるかもしれません。このタイトルは、元国土交通省技監をされた大石久和さんが書かれた「国土が日本人の謎を解く」（産経セレクト　2022年1月）の第3章のタイトルでもあります。その著者も多分同じ認識だと思いますが、私は上のような取り上げ方はしておりません。私の視点では、日本人はもともとそのように残酷にはなれない資質を持っていると考えるものです。

　この本は、2021年末に上梓した「社会的連帯経済への道」をお送りした方から、2022年の年の初めにお送りいただきました。大石さんは、元国土交通省の技監で退官後、土木学会会長などもなさっておられた方です。日本における災害での被害の多さが顕著で、それとの比較で、世界の紛争での死者の多さを述べておられます。特に目に留まったのは、このご著書の「第3章　なぜ日本人は世界の残酷さを理解できないか」というところの記述でした。
　以下のように書かれています。

（小見出しは）**世界の紛争と都市城壁**
歴史上長きにわたり、気候や気象の変動による風水害や飢饉に加え、地震・噴火などの自然災害によって、多くの日本人が亡くなっていったという事例はすでに紹介した。
では、世界の人々も同じであったのかというと、そうではない。わが国以外の世界では、凄惨な大量虐殺の歴史だったと言っても過言ではない。先に紹介したマシュー・ホワイト氏によると、アメリカのランド研究所は、「紀元前3600年頃から今日まで、平和だったのはわずか292年しかなく、この間に14,531の戦争があり、30億4000万人が殺害された」との報告をまとめているという。
それぞれの紛争や戦争によって犠牲になった人間の数はどれくらいになるのだろうと、数年かけて探してみたが、苦労してやっとアメリカのホワイト氏のホームページ『Selected Death Tolls for Wars, Massacres and Atrocities Before the 20th Century』に出会ったのが最初の発見だった。その後、彼は研究をさらに深めて『殺戮の世界史人類が犯した100の大罪』を著わした。殺戮の記述は、彼の研究によるものである。(p110)

（この後、なぜ西の国々で城壁が作られるようになったかという展開をしておられます。）

　日本では、災害できわめて多くの人が亡くなった歴史を持っているのに対し、海外では戦争で、残酷な人殺しを飽きることなく続けてきている。日本は災害で戦争に匹敵するくらい多くの人がなくなっている、というお話かと思います。勤めてこられた仕事の関係でそういう取り上げ方になった面もあるかと思いますが、日本と海外とでは人間に対する視座で、かなり違う面があるという主張と言えると思います。
　この本を読ませていただいて、章のタイトルにもあるように、**日本人は世界の残酷さをなぜ理解できないのか**という点に関して、私の言おうとしていることと重なる面があるのを感じたのです。
　このことについては、後で具体的に述べますのでご覧いただければと思いますが、これは日本人の脳と、日本以外の国々の人々の脳との間のセンサーの違いに起因しているのではないか、と思いました。「日本人の脳」を書かれた角田忠信さんは、「日本人は左脳でロゴスとパトスを扱っているのに対して、一般的に日本人以外は、左脳でロゴス、右脳でパトスを扱っているとしておられます。日本人の脳は、ロゴスとパトスが一体となっているため、分析に情が入り込み、他者に対して、冷酷になりきれない面があるのに対して、

日本人以外はパトスはロゴスと切り離されているため、左脳では冷徹な分析をし、右脳のパトスに従って、いかようにも行動を展開する可能性があるということではないかということです。冷徹なロゴスによる分析を行った上で、強烈なパトスに基づいて行動する可能性が高いということです。東洋における信仰の形はかなり形が複雑な面がありますが、欧米や中東の世界は一神教の世界です。一方東洋でも日本は、一概に言い切ることは差し控えなければなりませんが、八百万（やおよろず）の神の世界です。こうした信仰の形となるところに、角田先生の分析の意味合いも現れているように思えてなりません。

　ここでは、いわゆるインテリジェンス（諜報と訳すことがあるようです）の違いについて少し述べたいと思います。

インテリジェンス（日本的インテリジェンスと欧米型インテリジェンス）

　インテリジェンスとは、よく諜報（活動）などと言われて暗い世界の活動のように思われますが、知性があるとかそういう意味でもあります。ここでは諜報という意味での視点について少し述べたいと思います。

　これについて、日本ではさまざまな事象や生起している課題について、相手を的確に捉えるための客観分析と言いながら、そこに忖度が入るため、さまざまな事象について、クールな客観分析のまま終わることは一面的であるとも捉えられかねません。分析をしてこうだと思うのだけれども、それでいいかどうかといったときに、理性と感情が混じっている部分があるので躊躇してそこまでいかないケースもある。極端にいうと客観分析のはずなのに、自覚なき思い入れに基づく部分が組み込まれていたりすることもあります。

　日本人の分析は、必ずしも国内で評価されない面が付きまとうため、国内で生まれた事象の分析でありながら、一度海外に持ち出され、そこで客観評価されて、日本に逆輸入といったケースも、あるように聞いています。

　一方海外の国々では、目的に対して、極めて冷徹、極端にいうと目的達成のため手段を選ばないといったインテリジェンスの実態もあります。パッションとロゴスは完全に切り離されているからです。

　海外では対等の人間関係、お互いに主語を使いながら話をする ＝ 自己主張社会でもあります。

　外国の人は、左の脳で分析、右の脳で感性ですから、左の脳は分析力が育つわけです。極めて客観的な分析をする。

　一方で、イデオロギーとか信仰というのはやっぱり右脳の感性の世界で育っているわけです。そして右脳で形成されたイデオロギー、信仰から見て駄目だと思う連中を、どうやってやっつけるかというと左脳の冷徹な頭で考える。

　日本人はそこで躊躇してしまうわけです。

　欧米人というのは、イデオロギーや信念に基づいて、極めて残酷なことでも平気でやるのだけれど、日本人はほんとうはそういうことができない。しかしながら、欧米のさまざまな技術、物の考え方まで取り入れてきている中では、真似をするとその残酷なことをやるようになってしまう、というのが日本人ではないか、と考える次第です。もちろん海外で生まれ育った人は日本人であってもここでいう日本人の枠（いわゆる「日本語人」）には入りません。

　インテリジェンスという言葉はよく使われてますけれども、外国のインテリジェンスに見られるのは、大石久和さんのご本（「国土が日本人の謎を解く」）で示されているように、非常に冷徹な実態がいっぱいあります。

　遠藤誉さんという方がいらっしゃいます。筑波大学の教授をされた方ですが、このかたは1941年に中国、長春で生まれ、世界大戦の終わった後、中国での国共内戦の中で共産軍による「長春食糧封鎖（チャーズ）という大変な事態を経験され、1953年に日本に帰国されています。この間日本語環境もあったかと思いますが、中国語環境で生活されることも多かったのではないでしょうか。この方の近著に（習近平が狙

う「米一極から多極化へ」 2023 年 7 月発行、ビジネス社）があります。この中で、第 6 章に 3 つの表が掲載されています。

　①朝鮮戦争以降にアメリカが起こした戦争（P234 ～ 235）、

　②「第二の CIA」NED（全米民主主義基金 National Endowment for Democracy：CIA の活動を引き継いで 1983 年に設立された組織）が起こしたカラー革命（p242）、

　③「第二の CIA」NED の活動一覧表 p253 ～ 255）

です。ネットでアメリカ政府への NED の会計報告を見て作成されたと序章にあり、ほぼ全ての近年の紛争に CIA―NED が関わってきたことがわかります。（これらの戦争や革命と言われる行動について CIA（NED）が関わってきたのは、それぞれの国や地域の民主派を支援し、育てるためというのが表向きの立場であると思いますが、第 2 次大戦後起きたこれらの動きのほぼ全てに関わっていることを見るなら、これは、アメリカのイデオロギーで世界を統一していこうとする行動の一環と見ることができるように思われる。つまり、それぞれの国の体制反対派を焚き付けて、反政府の行動を取らせるために仕組んできたことと言って間違いではないと考える。民主派と言われる勢力は利用されてきた面が多いとしか思われず、結果的に成功した後の国々がほんとうに人々にとって望ましい社会を作ることになったか、それぞれの事例に即して検証する必要があるであろう。また、社会の崩壊を招く結果になったケースについて、支援したはずの CIA（NED）はどのように責任をとってきたのであろうか。）

　こうした客観分析は、日本で育った方はなかなかできないのではないでしょうか。まさにインテリジェンスの発揮されているところでもあると感じているところです。

　私の究極的な関心は、日本語というものが、日本人の生活習慣や行動特性に、具体的にどのように影響し、日本人の特質を形成するようになったかということにありますが、さまざまな特質について述べるだけの経験や知識が全く不足しています。ここではまず、「日本語人のまなざし」第 1 章で整理してきた日本語の特質について、もう一度簡単に整理し直しておきたいと思います。

　ここでは全体を 8 章構成とし、曼荼羅という形を通して考えております。この曼荼羅は、その昔、空海さんが持ち帰ったものですが、この考え方を、私の友人の小林信三さんが現代の情報システムとして展開してくださっているものです。今回は一度作成した曼荼羅を点検し、その後考えた部分を追加し、また一つのストーリーとして見ることができるように、パソコンを使って整序してみました。この形に則ることによって新たにいくつもの新たな視点を取り出すことができたと考えていますが、使い目を考えているので、最終的には再度曼荼羅の形で再構成することとしたいと考えています。

　ここで取り上げているのは、第 1 章では、日本人の特性を作り上げている日本語というものについての私の見方を展開しています。その後、2 章から 5 章まではその特質として 4 つの概念について取り上げています。

　第 2 章　忖度（「事大主義」とは似て非なるもの）、

　第 3 章　なじみ（日本人の時間意識）、

　第 4 章　タテ社会化（ウチ、ソトの緊張関係）、

　第 5 章　ボトムアップ（日本における組織論でもある）

　といったことです。次いで

　第 6 章では、日本社会の大きな変化（日本社会の経済的変化で到達した現在の状況の認識）を改めて確認することとし、

　第 7 章は海外から取り入れた仕組みと日本が本来持ってきた仕組みとの間で生まれた不整合の事例、

　第 8 章　これからの日本社会への希望で、新たなに認識に立つことにより、日本社会の持つ可能性について

　という形で展開してみました。

1 日本人の特性を作っているのは日本語にある

高度経済成長の時期は、日本人論が盛んだった

　私が生を享けた時期は、戦争の終わる少し前で、戦争が終わった後、日本の経済成長期に田舎から都会に出てきて、経済の発展過程を生きてきて現在に至っている。その意味で、日本経済の成長の恩恵を受け、また、日本経済のさまざまな動きの只中を生きてきた実感がある。

　就職をした（1960 年代）頃、まだ高度経済成長を誰もが疑わない時期にあったこともあり、日本人の特殊性について議論が巻き起こっていました。この時点では、まだ後発の国で高度な経済成長を達成した国はありません。日本は、1 度目の明治以降の経済発展を遂げ、戦争での挫折を経て、戦後、2 度目の経済発展期にあり、すでに峠を越えたように思われた時期でした。他の国々がまだ成長軌道に乗っていない時期に、日本だけが、こんなに経済発展を進めることができるのか、日本人には特殊な能力が備わっているのではないか、なぜ、他ではできないことをやり遂げていくことができるのかということをめぐって　さまざまな日本人論が展開されました。

　そういう時代があったのですけれど、今はもう全然逆で、日本人というのは情けない典型であるみたいな感じになってしまっていますね。あんなに大々的に展開されていた日本人論の世界は、今や夢のようで、今からすると信じられないかもしれません。日本人論は今は全く下火になって、逆の論議がむしろ主流になっていますね……他の先進国が経済成長を続けているのに、日本は成長しないまま 30 年も経過して、相対的にどんどん貧しくなってきている、また、アジアの中でもいくつもの後発国に追い抜かれる状況になってしまった、原因を突き詰めていけば、他国並みに成長できるはずなのに、何をしているのか、……なぜ日本人はこうも愚かになってしまったのか……という状況かと思います。

アメリカは先進事例ではない

　その後、高度経済成長が終わってからの日本の歩んできた道程には、大きな課題があるのではないかと常々考えてきましたが、中成長の時期を経て、現在は成長しない経済となってすでに 30 年余りを経過するようになっています。

　現在の日本経済は成長を遂げ、ある意味で成熟社会と言ってよいような時代に入ってきました。供給力が需要を超える時代に入り、人々の最低限の需要が、物理的には満たされた時代に入ったのです。私が常々申し上げているように、現在は、「未踏の時代」なのです。日本は海外先進国に学んで、さまざまな文物・そして制度を移入してきましたが、この未踏に時代においては、海外先進国にあっても明確な方向が示されている時代ではありません。むしろ、現在は海外から取り込んだ諸制度と日本語に由来すると思われる日本が古くから持ってきた生活・文化の行動様式の間に、乗り越えることができない大きな壁が生じていると考えるようになりました。

　日本は、海外の制度・文物を多く移入してきているが、それを私たちの元々の基盤と整合させないままになっているものが多いのではないかということです。現在、日本はアメリカの状況を無意識のまま先進事例の道として選んで歩んでいるようですが、実態を見る限り、アメリカの事例は目指すべき先進事例とはなりえません。

「もっとも基本的なものは、日常的なものに宿る」

　当時、日本人にはなにか特別のものあるというさまざまな議論に、興味を抱いていたことを思い出します。ただ、風土論や、日本文学から説き明かそうとする議論には首を傾げておりましたが、日本人の

持つ特性がなんであるかということに関しては、かなり関心を抱いていたように感じております。

そしてこれについて自分としての発想をまとめた最初のものが「なじみの構造」（1996年、創知社）です。

この本は日本人の時間意識に特別なものがあるということをメモったもので、この時間意識を形成している原点に日本語があるという発想につながっていきました。高度経済成長期に、日本は海外に経済進出していくが、海外からの参入に関しては、大きな参入障壁があると批判され、さまざまな議論の中で制度的な障壁について撤廃を求める動きがありました。制度の問題もあるが、それ以上に日本人の日常の意識の中にタテ社会の、ウチ・ソトの峻別からくる大きな壁があるのではないかというのが私の認識でした。日本人の時間意識はこうした日本語の特質から生まれているという問題意識でした。

日本人は会った最初から打ち解けて親しくなるというのは珍しく、時間をかけて徐々に付き合いを深める中で関係を深めていく傾向があり、外部から見るとこれが日本人の閉鎖性、参入障壁にもなっていると考えました。

一方で、海外に出るとすぐに他者と親しくなることができるということも確かな現象であったように思われます。ただ、単なる団体での海外旅行では、そうした親しい関係をいつでも築けるというわけにはいかないと思いますが……。

「神は細部に宿る」をもじって「もっとも基本的なものは、日常的なものに宿る」として、日本語という言語を使うことにより、この日本人の持つ特性を日々常に深化させ続けている、と考えるようになりました。それを最初にまとめたものが先の『なじみの構造〜日本人の時間意識』（創知社1996年3月）です。

「神は細部に宿る」はドイツの近代建築の建築家、ミース・ファン・デル・ローエという方の言葉と言われます。基本的に大事なことは、細部への気配りにある……そこから日本人の特性があるとすれば、最も身近なころに存在しているのだ、というのが、その言葉の持っている一つの意味であるというふうに私は思いまして、その点で、「日本語」、日本人であれば誰でも日常的に欠かせない日本語という言葉の中に日本人の特性みたいなものはあるんじゃないか、また、言葉以上に身近なものは他にあり得ない、というふうに思い至るようになったのです。

『なじみの構造』p23では

「日本人の時間に関するこうした意識や歴史認識は、日々の生活行動に深く内在するものである。日本人の時間意識を形成するさまざまな事例を、ごく日常的な行動様式のなかに、普遍的なものとして発見することが出来る。もっとも基本的なものは、日常的なものに宿る。ただ、われわれはあまりにも日常的であり、当たり前すぎるため、通常はそのことを考えることも、まして分析することもしない。」と、メモりました。

それが本格的に日本人論を整理することを考えた経緯となります。したがって、私の日本人論は、日本語論ということになります。（「なじみの構造」は出版した後すぐに、出版社が倒産してしまったみたいで、その後、だいぶ時間が経過した後、友人の勧めもあってこのコンテンツをアマゾンの「kindle」にアップしました。）

ただ、この本を出した時点では、まだあまり自信がなかったので、日本語に関しては、末尾の付論で少し書いております。その後、2018年の「日本語人のまなざし」では第1章において展開することになりました。

問題は、経済的な環境変化が明らかに起きているにも関わらず、経済発展の始まる前に作られた制度を、それを踏まえた仕組みに転換・適合させていくことができていないと考えるものです。さらにいうと、先進事例として取り入れてきたものが、日本が古くから営んできた仕組みとの不整合が顕著になってきたためではないかと思います。

遅れがあると認識すると、先進的な海外の文物をどんどん取り入れるが、自らの姿を知らずしてこう

したことを進めていると、さまざまな不整合が積み重なっていくことになる、現在の日本の状態がそうしたところにきているのではないかと考えた次第です。

　取り入れる新しいものがなくなると、今までの日本社会は一種鎖国状態と作り出し、そうした中で日本的なものとの間でユニークな文化を生み出してきました。しかし、現代社会にあってはそうした鎖国で解決する状況にはありません。自らの姿を透視しつつ、海外諸国との間の交流を進めていくことが今まさに求められていると考えます。

１）日本語のコミュニケーションの難しさ

　私たちは他の人と話をするときに、話しかけ、あるいは相互の会話をごく当たり前のこととしているのですが、実際はそうした中に日本人特有のさまざまなプロセスがあることをお考えになったことはありませんか？

　仕事の上で初対面の人と会わなければならないとき、名刺を用意するのはもちろんですが、相手をよく知っている人から紹介してもらうといったことを、当たり前のようにやっていると思います。また、日本ではさまざまな仲介業（士業、メディア、商社など）に世話になって仕事を進めることもごく一般的なことです。

　言葉の習得は万国共通で、どこの国でもそれぞれの言語をごく当たり前のこととして、習得していると思われるでしょうが、日本の場合は必ずしも当たり前ではないというのが私の見方です。無意識のうちに相手に対する言葉を選び、相手との話がまずい結果にならないように配慮しているのです。難しい仕事関係では、相手に繋いでくれるプロの仲介業に代行してもらうことも欠かせない、これが日本語の世界です。

　日本語というものに、なんで興味を持ったかということや、いつ頃から興味を持つようになったかということははっきりとは覚えていないのですが、興味を持つようになって、たしか、敬語の歴史でしたか、そんな厚い本を買ったりしたこともあります。

　日本語の場合は、敬語が非常に難しくてコミュニケーションをとるのが大変ということが、少しずつ頭の中に入り込んできて、それで1990年代ぐらいからでしょうか、本格的に日本語論というのを勉強するようになりました。

　日本語論で、関連のありそうな本があれば買って読んだりとかいうふうなことをしていました。全く素人の勉強ですから、大した勉強ではないのですけれども。発想の転機の１つとなったのは、角田忠信さんという方の「日本人の脳」（大衆館書店 1978 年）でした（入手したのは 1990 年代に入ってからでした。）。それから、「続・日本人の脳」（大衆館書店）が 1985 年に出まして、さらに「日本語人の脳」（言叢社）は 2016 年に出ていますけれども、これらを読んで、日本語の敬語と日本人の脳というのは非常に特殊な関わりがあると感じて、興味をさらに深めていくことになりました。

日本語が持つ特質が日本人を作り上げている

　日本語が、他の国の言語と変わるところがないという前提で、私たちは当たり前のこととして日本語を使っています。しかし、生まれてのち、日本語環境で育つ中で、一定の特質を持つようになっているのです。これは、他の国語がそれぞれの言語環境で習得されていく過程と変わりないかもしれませんが、やや違った特性を持つようになっているというのが私の主張です。

　そこにはいくつかの特性がありますが、主なものを挙げると、忖度、なじみ、タテ志向、ボトムアップ、などといったことです。

　それらの特質から付随的にさまざまな特質を生み出していると同時に、海外からのハード、ソフトさまざまな移入制度と絡んで複雑な生活環境を醸し出しているのが実態です。

　例えば、忖度は日本語におけるさまざまな敬語総体の機能を表現したものと言えます。忖度は日本人

の間では不可避であるということ、その前提を踏まえた上で、社会生活におけるルールを考えなければいけない。しかし近年、政治家により、私たちの「忖度」は最低のものであるかのように貶められてしまいました。

日本語の敬語は「相対的敬語」＝相手によって敬語の内容を変えなければならない。

　日本語には多彩な敬語の種類があります。尊敬語、丁寧語、謙譲語、女性語……初対面の人と話すとき、どの敬語を使っていいのかわからないため、慎重になる面があります。これは相手にとっても同じです。私たちは無意識のうちに言葉を選択しながら交流の枠を広げてきたと言えます。他者とのコミュニケーションを進めるに際して、この敬語の存在からさまざまな行動様式の特徴が生まれてくるのが日本社会の姿のように思われるのです。

　日本の敬語は、「相対的敬語」と言われます。話をする相手によって、敬語の種類を使い分ける必要があるというものです。これに対して「絶対的敬語」というものがあるのですが、地位に応じて使い方が決まっているという敬語のようで、ハングルはこれに近いとされます。

　相対的敬語は、ウチとソトとで言い方を変えるということも含めて、いつでもどこでも誰とでも自由にコミュニケーションを取るという点では、なかなか難しいものがあります。逆に時間を重ねて徐々に深められていく傾向が強いため、そうして作られた人間関係は、なかなか崩れにくいということにもなります。

２）たどり着いた日本語の位置付け……「相手の立場に立ってモノ言う言語」

　日本語の敬語は、話そうとする相手によって敬語の使い分けをしなければならないというところに際立った特徴があります。

　また、ある時期に鈴木孝夫先生という言語学者の方の本の目次をインターネットで見ていたら、なんとなく私の感覚と関連するようなタイトル（小見出し）が出ていたのです。

　それは何かというと、私が子どもを呼ぶときや話をするときに、「お父さんは今日はちょっと一緒に仕事をしてもらいたいと思っている、手伝ってね」とかいうわけです。孫が３人いるのですけれども、孫が遊びに来たりした時に、「おじいちゃんは今日は用事が重なっているので、一緒に遊べないからね」、というわけです。

　皆様、これ不思議だと思いません？　思わない？

　なんで子どもに対しては、「お父さんは」という言葉を私から発信するのでしょうか。また孫に対しては「おじいちゃんは……」などと、相手が自分を呼ぶ時の表現をするのでしょうか。

　自分の子どもや孫と話すときに、自分のことを「お父さんは」といったり「おじいちゃんは」といった使い分けをする言葉遣いを普通にしていることに気づいて、表記のサブタイトルで示したようなことが言えるのではないかと考えました。

　鈴木孝夫先生の本の目次から、ひょっとして自分の蔵書にあったかもしれないと半信半疑で探したところ、すぐに出てきて、注文した本を待つまでもなく、該当の場所を探しあてました。

　そこでは、生徒に対して「先生は」、というわけです。

　先生は今日はちょっと用事があるから、皆さん自習していてくださいとか言うわけです。

　息子に対しては、「お父さんは」、隣の子どもに対しては、「おじさんは」、こういう言葉遣いを当たり前に使っていて、自覚も何もないわけです。

その言葉遣いを考えたときに、日本語というのは「相手の立場に立ってモノを言う言語」であるという捉え方をしたのです。

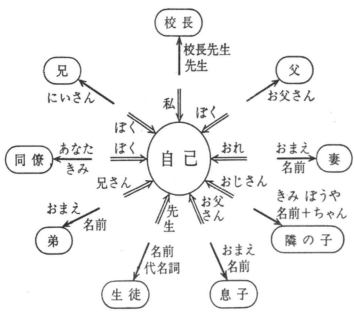

鈴木孝夫氏「ことばと文化」（岩波新書 P.148）

1973年発行の鈴木孝夫先生の岩波新書で、左のように図式化されている。これを見ると相手によって明らかに自己表現を変えています。
「相手の立場に立ってモノいう言語」という日本語の基本的構造に私が気づいたのが2018年、しかし、実際はすでに40年以上前に、この意味合いの内容が、実に正確に図式化されていたのです。
これでやや気落ちした面もありますが、私の関心は、そのことが日本人の生活習慣や行動様式にどのような関わりを持っているかということでしたので、むしろこれに力を得てさまざまな日本人の行動様式について展開していく自信につながりました。

　さらに言うと、日本語の敬語というのも、だいたい相手の立場に立っていろいろと言葉遣いを考えているわけです。
　そのことと併せて考えると、日本語というのは極めて特殊な言葉遣いを持っているというふうに位置づけて、それから、だんだんと日本人論というのは、日本語論であるというのが、私の視点になっていった次第です。

3）日本語ではなぜ相対的敬語が発達したのか（仮説の仮説）

　日本人について考えるときに、この相対的敬語の持つ意味合いと併せて関心を抱くことになったのが、先に述べた角田忠信先生の「日本人の脳〜脳の働きと東西の文化」（1978年 大修館書店）でした。そこで出会った図式は衝撃的でした。日本語を母国語とする人と欧米の人とは異なる脳の使い方をしていると言うお話です。ここで仮説の仮説をしているのは、この図式を前提とした日本人論を私は考えているからです。専門分野の方々が評価することでもあり、角田先生の分析がどのような評価を得ているのか、承知していないということもあります。

日本人と欧米人の違いを生み出しているもの

　角田先生は、東京医科歯科大学の耳鼻咽喉科の先生でした。色々と実験をする中で、日本人の脳の認知機構の優位性の違いを図式化されました。
　この図式は2016年の「日本語人の脳」にあるものですが、1978年に出版された「日本人の脳」において、すでにこの図式と同様のものが載っております（p84）。
　左右の脳を分離した状態で調べてみると、左側の脳で日本人は図にあるような機能を持っているのだけれど、欧米人は左脳では理性、右脳で感性という扱いであるということで、そのことによって何が違うのかということです。

パトス的、ロゴス的なものが同じ左脳で扱われているという点が、日本人の特性を作り出しているのではないかということがミソです。

図1　日本人と西欧人の自然音、言語音、楽器音の認識機構の差

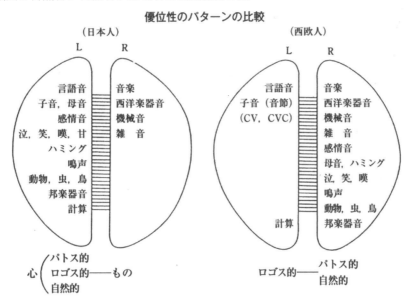

角田忠信氏「日本語人の脳」(言叢社　P.30)

角田忠信さんと峰島旭雄さんとの対談　　日本語人の脳

> 峰島旭雄さんとの対談での角田忠信教授の発言（角田教授は東京医科歯科大学耳鼻咽喉科の先生だった方です）
>
> 「図（図1［30頁］）で示しましたように、西欧人と日本人では全く違っていたのです。これは驚きでした。西欧人では、左脳は言語音と子音、そして計算を司り、あとは音楽も機械音も泣き笑いの声も虫の音も、全部右脳が司っています。日本人は音楽（西洋音楽）と機械音などの雑音は右脳ですが、あとは全て左脳だったのですね。日本人にとって、まさに左脳は有機的な心の世界、右脳は無機的な物の世界なんです。
> 　つまり、従来言われておりましたような、ロゴス（言語）とパトス（情緒）と自然が混然一体となっている日本文化の特徴が、この図式でものの見事に立証されたと申しますか、脳の働きのレベルで文化論の裏付けがとれたように思います。外国人ではロゴスと計算は一緒ですが、パトス的なものや自然はそれとは切り離されているんです。
> 　一九七四年にこの成果を解釈して発表したところ、大きな反響がありました。それは伝統的な西洋哲学と日本人の考え方、在り方の差というものが、非常にうまく説明できたからだと思います。・・・そのデータは今でも全く変更する必要がありません。そしてこういう脳の違いが、日本語を使うということから生まれたこともはっきりしております。DNAの違いとかではありません。」
> 〈対談 峰島旭雄（ひでお）・角田忠信〉脳の中の小宇宙驚くべき脳センサーの話（2009年）「日本語人の脳」所収 p268-9）（峰島旭雄さんは仏教系に詳しい哲学者、比較思想学、早稲田大学名誉教授だった方）

記してありますように、ここにあるのは角田先生の発言です。
ここでの角田先生の議論としては、左脳で日本人は感性も理性も自然も理解する、機械音と西洋音楽みたいな音楽とかだけは右脳で理解するとしておられることに関連した説明です。

日本語は子音と母音が一体

それが正しいかどうか分からないのですけれども、角田先生の「優位性のパターン比較」の図の方に

見ていただくと、左側は日本人の脳、そして右側は西欧人、西欧人と言うけれども、西欧人だけではなくて、アジアの人もみんなそうなのです。ほとんどみんな母音は右脳の扱いだと。要するに**日本人はパトス、ロゴス、自然を左脳で捉え、右脳でモノを扱い、西欧人はロゴス、論理だけが左脳、それから右側の脳で感性を扱う**というふうなことです。これ非常に魅力的な視点ですが、正しいかどうかを私は追求したことはないのですけれど、これで考えるとさまざまな違いを説明できるので、これを採用してさせてもらっているわけです。

　つまり、日本語の場合には子音と母音が一体なのです。「イロハ」にあっても「五十音」であっても、子音は常に母音とは常に分かち難い形で一体になっているのです。欧米では子音が左脳、母音が右脳となっていますが、日本語では分かち難く一体となっていてそれは左脳で扱われています。そして一体となっている音を発音したまま引き伸ばすと、常に母音になっていきます。
　五十音の一番最後の音の「ん」っていうのは、ちょっと違うかもしれませんけれど、それはごく部分的なものであり、全体として子音と母音が一体化しているということから、日本人の感性理性を扱うのは左脳で、母音ももちろん左脳で扱う、欧米の言葉は子音と母音は分かれて、右脳で母音を扱うというふうな分析があるのです。

　これが私の日本語 - 日本人論の説明で大事なところなのですけれども、この仮説が正しいのかどうかというのは何とも言えないので、もし勉強される方がいたらぜひ勉強して教えていただきたいと思うのです。
　この論理で説明すると、極めて日本人の持っている特質というのを分析するのは分かりやすいのです。私のロジックはだいたいそれに従ってずっと最後まで展開していると言って良いと思います。
左脳の意味合いですが、左脳で論理と感情を扱っているわけですから、何かをやろうとするときに、理性で整理しても感情も合わせて考えるようになっているのが日本語ではないかと、これは角田先生から勝手に私がさらに推論してしまっているものなのですけれども、そういうことも言えるのではないかというふうに思っていて、これによって、日本人は他のほとんどの国の人とも違う特質を持つようになっているというふうに考えるようになった次第です。
　他の国の人と全く違うということはないと思うのですけれども、そういう特質を日本人は持っているという認識をするのはいいのではないかと思っています。

　そして、日本人の脳の分析のポイントを、日本人は「左脳でロゴスとパトスを扱っている」のに、日本人以外は、一般的には、「左脳でロゴス、右脳でパトスを扱っている」という、この角田先生の捉え方から見ると、日本でなぜ相対的敬語が発達したか、ということが非常にわかりやすいと考えました。情と理を左脳で一体として扱う日本人ゆえに、コミュニケーションを取る際、理詰めだけでなく情も絡めた物言いが使われるようになったのではないかと考えました。私たちの生き様を多様性に満ちたものとしているのは、この日本語にあると考えるようになった次第です。
　このように見ることで、日本人のさまざまな特質に対する説明力があると感じているところです。

生まれた時点では日本語人ではない

　生まれた時点では誰も日本語人ではない。国籍が日本人であっても、外国で生まれ、外国で育った人は日本語人にはならない。外国の人でも、生まれてから日本語環境で育った場合には日本語人である。これが日本語人ということの意味なのです。
　要するに、日本語を母国語としている人たちのことを指して日本語人という言い方をしているわけです。
　日本語社会で特有の敬語を使うことからくるコミュニケーションの難しさは、通常は言葉を習得する過程で克服されていきます。図にあるような日本人の特性は、生まれてから育つ過程の日本語環境で身につくものです。（動物の中には、生まれた時から親と同様の行動を取れるものも、いくらもいますが、人間が赤ん坊として生まれた時は、介助なしには生きられない不完全な状態だと言われます。脳の状態

もまさに不完全であり、そのために生まれた時から異常なスピードで、脳の成長を始めとした外部環境への適応を進めていくようです。親はこの驚異の成長過程を見守ることができる存在です。現在流布されている、人口減少問題云々というのは、あまりにも資本主義経済に毒されているのではないでしょうか。）

　人間というのは生まれた時はまだ未完の状態で、完成した状態でなくて生まれているのですね。生まれた後、育つ過程で言葉も習得していくという特質を持っているわけです。これは一般の動物なんかを見ると必ずしもそうではないわけです。生まれた時から親と同じように走ったり歩いたりできるような環境で生活をするようになっている動物はいっぱいいるわけです。

　人間はとにかく母親なり親に囲われて、一生懸命介助されないと生きていけないわけです。よく置き去り、放置されて死んじゃったという話もありますが、自分一人では生きられない、という状態で生まれてくる。

　これは何でそうなのかということもあるのですけれど、要するに、頭が骨盤の周りを越えて大きくなっちゃうから、途中で生まれるのだという話もあるのですけれど、とにかく不完全な状態で生まれて、それからものすごいスピードで成長して言葉も覚え、成長していく、というのが人間なのです。

　日本語環境で生まれた人は、日本語というもので他の国の人たちと非常に違う特質を持った人間に育つということのようなのです。そうやって考えると、さまざまな事象が極めてよく説明がつくということなのです。

４）欧米文化との違いは日本語に発する＝それぞれに特質がある

欧米＝対等感　　日本＝秩序意識

　よく、日本語は主語がなくても誰が話の対象となっているか、どういう場面で言葉の主体となっているのが誰かが、わかると言われる。主語がなくても話が通じるところに日本語の特質があるという議論もされているくらいである。しかし、欧米の国語文法に倣って文法を作っている領域にあっては、日本語というのは極めて曖昧模糊とした言語であり、できるだけ主語をつけた話し方をすべきだとか、議論があらぬ方向に発展していく傾向にある。

　しかし、そういったことより、日本語を使うことによって、意識しないまま作られていく人間関係の方にもっと注目すべきであると考える。

　日本語社会では、常に相手と自分の関係の中で言葉が発せられていくのが普通であり、第2章で書いている通り、常に相手に対する忖度が伴っている。

　一方欧米言語については、主語を常に欠かせない形ということは、相手と自分が常に対峙することを前提としており、その意味で無意識のうちに対等感が宿っていると見てよいのではないかと考える。したがって、日本語と比較の上での話であるが、日本語を「忖度言語」と言うならば、日本以外の言語は「自己主張言語」に近いと言ってよいであろう。日本語を使い続けると言う中では、秩序意識が育つ一方、日本語以外の領域では対等意識が育つといえよう。

　海外の国々は、自己主張言語の社会であり、これはある意味で主張の強い者がリードしていく社会である。植民地主義が席捲した時は、強いものに従わせられる状況が全世界で進んだ。そうした中で国内外を問わず、弱い立場のものが団結して、これに立ち向かう仕組みの1つとして民主主義が勝ち取られたと言えるのではないか。民主主義の考え方は、対等意識が一般的な自己主張社会に生まれ、育まれる面があるとも言える。全ての海外の国でそういう状況が生まれたと言うことでもないので、一般化は難しいが、環境が整ったところでは、力関係で制度的な保障ができやすい面があったのは確かだと思う。

　日本ではこうした考えが生まれる環境はあまりなかったと言わなければならない。現代は、日本においても民主主義の思想が普及しているが、私たちの意識のなかに、自己主張を常に貫徹するというより、状況を忖度して、あるべき姿を模索する考え方の方が支配的である。しかし、民主主義を前提とするならば、私たちはいかなる時にあっても自らを主権者として位置付けなければならない。

これはまさに民主主義の発想の原点というべきでしょう。民主主義の制度も、事大主義に埋没している中では、殿様づくりの制度と認識されているようにすら思います。自らの姿を省み、民主主義の意味を考えてみる時期であるように思います。

　対人関係で対等意識を持つという点で、海外生活経験の重要性がここにあります。海外の知見を得るだけではないのです。言語構造からして、一般的にはタテ型でない社会での経験は、すでに日本に導入されて久しい民主主義の意味を理解しやすくする面もあるのです。

　私が、この「対等感」に気づいたのは、海外経験の豊かな人（特に女性）に自治体議員選挙に出る人が多いということでした。IとYOUという主語を使って話す言語の世界では、常に対等の関係が更新され続けています。主語のない日本語の敬語の世界は、相手に直接言及することもできないような、タテへの埋没状況が潜んでいるように思います。もちろん、海外経験といっても箔をつけるために行っている場合は元々、こうしたことへの関心が育つ状況にないので、あとは個人の資質に依存するということになります。

憧れるのをやめましょう

　日本時間で 2023 年 3 月 22 日、WBC の優勝戦の行われる前の選手たちの円陣での、大谷翔平さんの言葉として、次のような発言がありました。

> 「僕から一個だけ。憧れるのをやめましょう。
> ファーストにゴールドシュミットがいたり、センターを見ればマイク・トラウトがいるし、外野にムーキー・ベッツがいたり、野球をやっていたら誰しも聞いたことがあるような選手たちがいると思う。憧れてしまっては超えられないので、僕らは今日超えるために、トップになるために来たので。今日一日だけは彼らへの憧れを捨てて、勝つことだけ考えていきましょう
> さあ、行こう！」

　大谷翔平さんは、日本人の資質を自らのこととしてよく承知をしていて、この発言をしているように感じます。海外のしかもあまり手の届かない世界に対する憧れを日本人は持っています。同時に日本人には事大主義的発想があり、対等感を持ちにくいという点があります。そこであえて、対等でいけばいいんですと、発言をした。「憧れるのをやめましょう」とは全く至言ですね。

5）日本語はどこから来たか

孤立言語というのが定説

　ついでに、この日本語特性を持った日本語がどこからきたかと言う議論もあります。これについても詳しいことは私はなんとも言えないのですが、諸説ある中で、今のところ、右の表のように、他に類似事例のない孤立語というのが定説になっているようです。

　はっきり言えることは、万

日本語の起源と成立をめぐる諸説

==
- アルタイ語族に属する：藤岡勝二，金田一京助，R.A. ミラー，M. ロベッツなど多数
- 朝鮮語と近縁：新井白石，藤井貞幹，W.G. アストン，白鳥庫吉，金沢庄三郎，
　　　　　　　G.J. ラムステッド，小倉進平，服部四郎
- アイヌ語と近縁：服部四郎，村山七郎
- 近縁だとされたその他の言語：
　レプチャ語（安田徳太郎）
　モンゴル語（小沢重男）
　古極東語〔日本語、アイヌ語、朝鮮語〕のひとつ（安本美典）
　タミール語（大野晋）
　環太平洋諸語（松本克己）
　ジャワ語（A. クマー）
- アウストラネシア語の影響あり：新村出，泉井久之助，村山七郎，川本崇雄，崎山理
- 混合的性質を持つ：E.D. ポリワーノフ，大野晋，村山七郎，安本美典
- 孤立語である（現在の定説）
==
斎藤成也（2005; DNA からみた日本人. ちくま新書)などをもとにした

葉集以前に日本語がすでに確立していたということです。ということは、もちろん話し言葉に原点があることを意味します。

　万葉仮名の世界は当時日本に移入された漢字を借用して、日本語を表現しました。日本語がすでに話し言葉として、明確な形で存在していたからです。

　その後、カナの発明がありました。これは応用力とも言えるもので、ある部分は万葉仮名の発展した形とも言えると思いますが、漢字以前にすでにあった日本語表現をここで文字としても確立したことであると思います。

　その後、2024年2月17日の知人の方々との交流会で、縄文時代は15,000年にわたって戦争のない時代であったとの話が出ました。後で述べますように、日本人の「忖度」は平和をもたらす言語であると書いておりますが、この縄文の昔に日本語がすでに確たるものとしてあったためではないかと思ったりしています。

　このような忖度の精神を生み出す日本語は「世界に平和をもたらす」言語であるという人もいるくらいです（「日本語が世界を平和にするこれだけの理由」金子武洋　2014.6.25 飛鳥新社）。

6）日本語からくる　いくつかの特性について

日本語の構造に発する文学の特徴〜日本語社会における感性と理性の究極の形

　日本の文学と国、和歌や俳句、詩、さらには落語等の世界における特質を考えてみると、そこには情と理の究極の結合があり、人々の感動を作り出しているように思えてなりません。感性と理性、非現実と現実の姿が、見事に重なっているように思います。よく娘が歌っていた童謡の表現にもこれが見られます。野口雨情の作の赤い靴、あるいは青い目の人形の歌詞を見ていただきたいと思います。

赤い靴	青い目の人形
赤い靴（くつ）はいてた女の子	青い眼をしたお人形（にんぎょ）は
異人（いじん）さんにつれられて行っちゃった	アメリカ生まれのセルロイド
横浜の 埠頭（はとば）から 船に乗って	日本の港へついたとき
異人さんにつれられて 行っちゃった	一杯（いっぱい）涙をうかべてた
今では青い目になっちゃって	「わたしは言葉がわからない
異人さんのお国にいるんだろう	迷子（まいご）になったらなんとしょう」
赤い靴 見るたび 考える	やさしい日本の嬢（じょう）ちゃんよ
異人さんに逢（あ）うたび考える	仲よく遊んで やっとくれ
	仲よく遊んで やっとくれ

　日本人以外でこのような詩を作ることはなかなか難しいと思います。

和歌や俳句の精神

　和歌や俳句の世界は、短い言葉で自然ばかりか、心の動きまで表現するという点で、感性と理性の一体化した極致を表しているように思います。

ワンフレーズ

　またかつて、ワンフレーズ・ポリティクスということが騒がれたことがありました。短い言葉で相手

の心を掴むことがポイントです。あとで述べておりますが、ソトの世界と考えられている政治の領域では、理屈による分析に先立って、感性で受け止めるケースが一般で、感性に訴える短い言葉、ワンフレーズ・ポリティクスが成り立つということになります。

7）受信得意ではあるけれど

自意識過剰　　発信力弱いことの別表現のようなもの

　自意識過剰という言葉が日本人に対して時々使われる。日本人自身が使うことが多いと言っても良い。自意識過剰ということは言い換えるなら、会話に際して受け身の対応にとどまっているということの別表現のように見える。受け取るばかりで自ら発信するということに慣れていない、つまり、一般論として自己主張を展開することが不得手であるということである。自己主張社会であれば当たり前のことかもしれないが、相手を考えてものをいうという言語であってみれば、そう簡単ではない。初対面の人に対して相手の立場に立ってものいう言語の場合は、なかなか相手の立場の理解ができないわけだから受け身になりがちで、対等の立場として振る舞うことは難しいのである。しかし、これに関しては自覚することによって変えていくことは可能である。自らの姿をきちんと捉えないと、発信を行うスタンスがなかなか作られないということである。しかし、相手だってこちらのことを知らないでモノを言っているだけなのだと考えればいいのである。

受信得意の日本人

　日本人には、ウチとソトを区別せざるを得ないという性格があるにもかかわらず、海外の物事はどんどん取り入れるのですね、日本人は自分より優れている文化があると思うと、それを取り入れる。
　昔は中国の文化をどんどん取り入れた。今は中国については軽んじて、ヨーロッパの文化をいっぱい取り込んでいるというふうなところがあるのです。
　受け身体質がある一方、外部事象に関する異常な関心が存在している。受信するための「自発性」は如何なく発揮されてきた。島国であることも影響しているかもしれない。
　しかし、既存の事象との整合性を無視する傾向があるという問題を抱えているのも事実です。

新しいものはなんでも移入し、既存の仕組みに重ねていく

　なんでも移入する、それまでの生活パターンと矛盾していてもあまり気にしない（清濁合わせ呑む）、新しものがり屋という面があります。移入される制度などについての、もとの地において採用されてきた背景などの認識が不足していることも、ままあります。
　制度矛盾を無視して受信を進める外来信仰と言えるかもしれません。
　制度適用の鈍感……一面ではこのことは、構造を変えることの不得意につながる。
　外部吸収力が盛んな一面と、外圧に弱いというもう一つの面がある。
　一方で海外に向けて発信していく際しては、相対的敬語を使うため話しかけるためには相当の自覚が必要になる。海外世論のいずれかに同調することが多く、自ら発信することはかなり難しいのが実情である。
　日本の社会現象の説明に、海外の地域的な特性分析の論理をそのまま使っても気にしない。

日本語の文字の種類の由来

　日本語の文字自体、ひらがな、カタカナ、漢字（音読み＝［漢音、呉音、唐音］＋訓読み）アルファベット文字　ヤマト言葉と外来語（漢字）の合体など様々な文字を取り込んで使っている。漢字の読みがこれだけ多様であるということは、大陸との交流の場所の違いと時期の違いがあり、その時々の状況に合

わせて漢字を取り込んできたことを象徴している。これが、日本語の展開の形として、どのように機能するようになったかを分析するだけでも興味深いさまざまな見方が生まれてくることになるだろう。

しかし、はっきりしていることは、取り込んでいくベースには、日本語というものが疑いの余地なく確立していたということである。漢字をもともとあった日本語と結びつける行為は、訓読みという形でいつの間にか定着しているし、漢字の音読みの時代特性も、ある意味で中国の歴史を再現している面があるのではないか。

神仏混淆等の事例

1つの家の中に、神棚があり、仏壇があっても日本人はそれをおかしいとは思わない。我が家でもかつては同じ部屋に両者が併存していた。ある時には神棚に向かって手を合わせ、またあるときは仏壇の前で経を読む、これが私たちの日常でもあった。この範囲では、害をなす問題が出てくるということもあまりなかったように思っている。

8）受け身を脱する、自発性に関する自覚ができるか

受け身になり易い傾向

相手次第で敬語を変えなければならず、これが煩わしいと考えたら、何もしないことが、最も精神的な安定をもたらすことになりかねない。初対面の人やあまり付き合いの頻繁でない人とのコミュニケーションでは「受け身」となりやすい。

特に海外の人とのコミュニケーションに際しては、対等感を持つことがなかなか難しいため、相手の話を受ける一方という形になりやすい。忖度と対等感の狭間で言葉を失う傾向が強いのである。

よく日本人は「個」はないという人がいるが、これは自らの主張をするに際して常に忖度がつきまとうからである。「個」がないなどと自己卑下をする必要はない。

受け身になり易い傾向をいかに克服するか

日本人は常に受け身になる性向があると言い切るのは問題がある。海外の新たなノウハウを吸収しようという意欲は、極めて強いものがある。自分の側からものを言い出さない傾向があるその反面には、新たな情報やノウハウに関する並々ならぬ志向性が働いているのである。

権力への志向性から、海外の大学等へ出かける政治家の卵は多いが、先に述べたようなケースで海外経験から政治に志向性を持つ人は、海外における生活経験を通して対等感に目覚めて入り込んでいくのであって、海外ノウハウに接して限りない自発性が働いたものと言える。新たなノウハウを得られた時には自発性に目覚めているのである。無理に自発性を引き出す努力というよりは、海外の新たな環境に対して日本人は限りない自発性を発揮するようになるのである。

自発性に目覚めた時から、本格的な相手とのコミュニケーションが始まる。これは、実際には海外における対応に限らない。国内の諸々の関係作りでも同じである。

海外のものを無批判に受け入れればいいというものではない

形となって表に出て、誰もが併存に気付くような案件はまだ良い。しかし、文化的な意味合いの制度となると、形が外見からは判断できないわけであるが、そうしたものでも併存していても誰もおかしいと感ずることがなく、個人的な感覚の違いみたいなもので収められてしまっているのが実態である。

例えば、子育てに関する考え方には大きな矛盾がある。日本では、子どもは親の姿、さらには周辺の人々の生き様を見て、自らのあり方を選んでいくのである。

「子は親の背中を見て育つ」という諺がある。これは日本における子育ての要諦と言って良い。親の生き様を見、その姿を忖度して自らの生き様を見つけていくのである。西欧的な躾の世界とは根底から異なるものである。

日本語社会のこの諺の意味するところは、親は、子どもを面と向かって躾けることが重要ではなく、自らの行動を子どもに示すことにより、子どもはその姿から自発的に自分の取るべき生き方を学んでいくというものであり、これが日本語の特質からくるものである。

ただ、現代社会は地域コミュニティで子育てが進む社会ではなく、核家族という中での子育てが一般化しており、子どもに親の姿を見せる環境は著しく変わってきてしまっている。企業に勤める会社員となると、日常的な場で背中を見せることのできる場が失われてしまっている。

西欧では、子と向き合い、その非を論して人格形成を進める。（自己主張言語の世界では当たり前のことであり、これが自覚が高まるのに応じて人格形成が進んでいく。）

この欧米型のしつけは忖度社会の日本の子育てのあり方とは、全く異なる。しかしながら、日本では欧米型のしつけを取り込んできたため、子どもたちの育ち方に大きな混乱を招くことになっている。しかも大人はこのことに自覚がない。

子どもの無限の成長力を発見することができれば子育てほど楽しいものはないのだが、このことを取り上げる人も少なく、結果的にまたとないチャンスを逃しているのが現状である。私ももう一度繰り返すことができたらな、自らに素晴らしい経験を付加できるのだが、とても残念なことである。今となってチャンスは訪れない。

また、現在は、契約書なしに社会的約束を履行することはなくなりつつあり、口約束で履行をしていく日本のパターンはおかしいとされるようになっている。以心伝心の日本的な約束が罷り通る世界はごく限られたところにしかない。

今、海外に学ぶべきこと　今、顧みるべきは自らの姿

日本では海外に学ぶべきことが尽くされたという事でしょうか、精神的な鎖国状況が生まれているように思います。海外留学をする人が減少してきていると言います。しかし学ぶべきことはいくらでもあるのです。現代社会において、鎖国はもちろん不可能ですが、日本は学ぶためというよりは、日本の持つプラスの要素を自覚して積極的に海外との交流、社会のあるべき姿を解く努力をするべきであると思います。人間関係を円滑にすすめる資質を最大限活かして、これからの社会の形成の役割を果たすことが望まれます。何よりも海外諸国とは違う資質を最大限活かすべき時代を迎えているといって良いのであり、日本が果たすべき役割は、まさにそこにあると考えるものです。

受け身から自発性へ……自己の中のロジックを作る

自発性に関する自覚が生まれれば、さまざまな事象について違った目で接することができるようになる。自発性に目覚めた人はいかようにも自分の人生を切り開いていくことができる。そして、これから先、自ら発信していくためには、自己の中のロジックを積極的に作るようになっていくであろう。これは実に楽しいことである。自覚さえあれば困難なことはないのである。

取り込み姿勢から発信体制への転換が課題

発信を積極的に行うためには、ウチ・ソトの論理に埋没していては乗り越えることが難しい。感覚的なものに頼る度合いを緩めて、状況の客観分析を強めることがまず必要である。専門性に深入りすることも大事であるが、その専門性を自己の領域の問題に限ってしまうのではなく、その発想の枠をソトに

ひろげていくことがなくてはならない。1つの専門性が自己のうちに確立したなら、その発想をさらにその外側に広げていくことは難しいことではない。そうするうちに自己の専門性の修正を迫られるとしたら、修正する覚悟こそがむしろ極めて大事なことである。これは、この道一筋といった領域でも、いくらでも可能なことである。そうするうちに、ソトに見えるところでも発言することが苦痛ではなくなっていく。その際、常に見ておかなければならないのは、既存の仕組みとの整合性ということである。

2 忖度は日本人の人間関係の基本である

「忖度」ということなのですけれど、日本社会の人間関係の基本であるという風に私は思うのですけれども、忖度っていうことが極めて悪い言葉になってしまってますね。

忖度は日本語におけるさまざまな敬語総体の機能を表現したものと言えます。忖度は日本人の間では不可避であるということ、その前提を踏まえた上で、社会生活におけるルールを考えなければいけない。政治家により、日本人の「忖度」は最低のものであるかのように貶められてしまいました。

日本人の基本的な特性であるにもかかわらず、それは忖度してはいけないんだ、ということになってしまっているわけです。

これは、財務省の公文書改ざんなんかに始まって……そこのトラブルの中で財務官僚が忖度をして文書改ざんをしてあげて、担当で書き換えをさせられた人が自殺するような状況を見て、言ってしまったわけですけれど、そういうことを外見だけ見ていれば、忖度なんてとんでもないということなのですけれど、とんでもないのはその改ざんをしたことがとんでもないことなのです。

日本人というのは、そういう忖度をすることが当たり前である。

要するに、理性と感情が一体となっているわけですから、忖度するのは当たり前なのにもかかわらず、その前提でルールとして作ったものはちゃんと守るべきというだけのことなのに、ルールを守らないでやって、それで忖度するのはおかしいというふうにしてしまっているものですから、それが忖度ということが落としめられている原因だと思うのですけれど……私のいい加減な議論ですが……。

参照「忖度言語」日本語を再評価する
https://bit.ly/4dyPusS

1）日本語の敬語自体が忖度の実態を作り出す

おもてなし

忖度の延長上に日本人の「お・も・て・な・し」精神がある。よほど敵対的な関係でない限り、相手を貶めるようなことはなかなかできないし、相手の気持ちに沿う対応を取ろうとする傾向が強い。日本語を母国語とするゆえの日本人の資質なのです。滝川クリステルさんの言い出したことではありません。

2）海外には忖度はない

海外では対等の人間関係、お互いに主語を使いながら話をする、＝**自己主張言語**と言ってよく、結果的に自己主張社会となっている。そこでは、忖度がメインテーマではなく、利害の関係で物事を測る形が取られているといっても良いと思うところである。ちなみに海外の争いが、どのような形で起き、動いているかを忖度する視点から見てみるなら、およそ説明のつかないことばかりであることが判明するのではないかと思っている。

このことと、大石久和氏が「国土が日本人の謎を解く」の「第3章　なぜ日本人は世界の残酷さを理解できないか」で述べたことと関係があると言わなくてはなりません。自己主張社会の相手に対する対応がなぜ生まれるのか、日本人は、その根底にあるものを理解できないのは当然であり、日本語社会では考えられない発想が自己主張社会では蠢いていると言わなくてはなりません。

日本人の中でも、欧米追随の考え方の強い人の一部が、相手を調伏することが当たり前というような発想になって、また、軍事力で解決するのが当たり前と思っている向きがありますが、相手を忖度する

考え方が、本当に身についていれば、あるべき姿を提案し、争いを未然に防ぐ道を探ることはいくらでもできるのです。ある時モーニングショーで、韓国の方が、「韓国には忖度はない」と話しておられるのを耳にしました。「忖度はない」という視点で韓流ドラマを見直してみると、なるほど、忖度とは違った世界が見えてきました。

3）赤ん坊の時から育まれる忖度

日本語社会の特有の敬語を使うことからくるコミュニケーションの難しさは、言葉を習得する過程で克服されていきます。生まれた時点では誰も日本語人ではありません。したがって先の図にあったような日本人の特性は、生まれてから育つ過程の日本語環境で身につくものです。日本語を体感しつつ学んでいく過程で、左脳で理性と感性の両方を扱う形が定着していき、そこで徐々に忖度の行動様式を自分のものとしていくようになります。

4）中元歳暮の贈答はなぜ慣習化しているか

中元、歳暮の贈答の慣習は、忖度の別形態であり、ここでわかりやすいのは、忖度は相互性を持っているということではないかと思います。忖度という形が、何かをしてもらったときは、相手にお返しをする、お世話になった方に時期を捉えて、相手にとって意味あるお返しをすることが習慣づけられていったと考えることができるのではないかということです。このことは、日本における忖度は、言語の領域に限らず、忖度は様々な形をとって表れるといって良いということです。

5）日本型インテリジェンスには忖度が存在する

「はじめに」において書いたように、インテリジェンスは、日本ではさまざまな事象や生起している課題について、忖度しながら相手を的確に捉えるための分析技術といった形で示されていきます。
忖度が入るため、さまざまな事象について、クールな客観分析がなかなか出来ない面があることは確かです。国内で生まれた事象でありながら、海外で客観評価されて日本に逆輸入といった現象も、幾つも見られます。

一方で、海外の国々では、目的に対して、極めて冷徹、極端にいうと目的達成のため手段を選ばないといったインテリジェンスの実態もあります。パッションとロゴスは完全に切り離されていて、分析は極めてクールに客観性を持っておこなわれるからです。問題はそのインテリジェンスはパトス実現を目指して発揮されるという点にあります。いくらでも残酷になりうるというのは、その抱いている強烈なパトスに応ずるために、客観分析（インテリジェンス）が行われるからと言えると思います。

6）迎合することは忖度ではない

相手の立場に立ってモノを言うということが、ややもすると、相手の意向に従うことであるかのような認識になりがちであるが、これは全く違っている。

相手のものの考え方を掴みながら、それに対するこちら側の考えを示していくということであり、相手の心象を傷つけないようにしながら、こちらの考え方を示すということである。したがってこれは相当に難しいことでもある。
初対面の人に相手の立場を否定するような物言いをすれば、一度に関係は崩れ、再度関係を作ることは不可能になっていくであろう。そういう点で忖度という概念をきちんと踏まえないと人間関係をうまく作り、続けていくことは難しいのである。

ここで、事大主義と忖度は、似て非なるものであるという理解が必要です。相手の言い分を、自分としては納得するしないに関わらず、そのまま呑み込んでそれに従うということは、事大主義であって、

忖度という概念とは似て非なるものという理解をしなければなりません。自己の持つ分析を前提として、その上で相手の立場に立って必要なことを考えて行動する、というスタンスが欠かせません。結果的に、もし自分が間違っていると判断した場合は責任を取ることは当たり前の形になります。

7）財務省 における 公文書 改竄

　財務省が行なった文書の改竄を忖度と言ったことは、日本的特質としての忖度を著しくおとしめるものとなった。同時に、日本社会では、公的な世界で、今後もいくらでもこうした現象が出てきかねないということも多くの人が認識したところである。この行為によって、日本的特質としての「忖度」が著しく貶められたことは極めて残念なことである。

　忖度して、それで権力の言いなりになるということは事大主義に過ぎない。忖度をして、権力の言いなりになって行ったことは、権力に近いものが往々にして陥りやすい事大主義の陥穽である。それは単なる犯罪に過ぎないのであって、忖度とは言わない。犯罪の域に入るか、忖度という理と情の究極の統合された域を守るかは、日本語人の持つ特質に対する考え方による。

8）忖度は日本人の基本的性格を形成していることを再確認する

　財務省の公文書改竄と、それに伴う政権への忖度ということで、忖度という概念が著しく貶められることになり、忖度とは似て非なる日本人の権力への迎合を意味するように人々に受け取られることになっていった。

　しかし、忖度は日本語を使う上で相手に対する配慮という基本的な意味からすれば、これを抜きにした日本社会を考えることはできない。

　意識するとしないとに関わらず、無意識のうちに私たちは、他者に対して忖度する気持ちを持ちながら日々生活している。忖度自体が悪なのではなく、それが法的な限界を無視して犯罪的な行為につながっていることが問題なのであり、その現象に対して厳しく指弾し、それを隠蔽したり、それに対する恩賞を与えたりすること自体を排除することが大事なのである。これは「きれいごと」といったレベルの話ではなく、日本人であることの資質の問題と捉えなければならない。

3　日本語特性としての日本人の時間意識……なじみ

なじみの構造

　ソトとの交流の難しさを乗り越えて、徐々に深い付き合いへと進む形を「なじむ」と表現する。主として、ウチを広げてソトとの繋ぎ、あるいは一体化を目指すプロセスと考えても良いと思います。忖度を特質とする日本人にしてみれば、特にソトの人との付き合いを深めることは容易ではない。ある意味、精神的な参入障壁が存在しているといっても良いであろう。相手の持っている資質を理解しなければ、次のステップにはなかなか進むことができないということがある。これは、ソトの世界一般に対するものであり、対海外企業だけの問題ではない、国内における事業の進め方でもいくらでもある。

　ソトとの交流を進めることは不可避であるが、そこではウチとは違った論理が根付いていることも多く、交流の進め方の工夫が必要となる。なじむという言葉に代表されるように徐々に時間をかけて人間関係を作っていくのが一般的なのです。ソトの世界のことは、最初からはよくわかっていないのです。だからあの人はどういうことを言えば私の考え方を理解してもらえるか、ということを考えながら、最初はおそるおそる付き合って2回、3回と回を重ねると関係を切れない仲間みたいになっていくケースが多いと思うのです。

　私がこれを「なじみの構造」という本にこれを書いたのです。

　これが日本語論を半分本格的に展開した本なのですけれども、この時はまだ日本語を論じると言う点では、ほんとうに自信がなかったのです。時間意識、要するに日本人というのは時間をかけながら人間関係を深めていくという傾向があるという、そういうことで、官僚の世界、政治、ビジネス社会等々、様々な分野の時間意識というか、それを展開したのです。ここでは教育関係に関しては、メモはいくつかあったのですけれど、取り込むだけの自信がなかったのでやめてしまったのです。一応やめたということの記憶があるので、確かにやろうと思った面もあったのです。

　なじむのに時間がかかる。だからなじんでいくに従って非常に親しくなっていく。これがタテの関係に繋がるという風な理解を私はしています。

　かなり前のことであるが、アメリカにわたって長期にわたって生活をしていた友人が、突然来日し、商品販売を始めたのですが、全く商売にならず、アメリカに戻ったとの話を聞きました。おおらかな好人物だったのですが、すでにその時点で日本人離れをしていたということなのでしょう。

1）日本語世界には心理的な参入障壁がある

　「なじみの構造」では、日本人の時間意識に特別なものがあるということをメモリ、この時間意識を形成している原点に日本語があるという発想につながっていきました。高度経済成長期に、日本は海外に出ていくが、海外からの参入に関しては、大きな参入障壁があると批判され、さまざまな議論の中で制度的な障壁について撤廃を求める動きがありました。一方で、制度よりも日本人の日常の意識の中に大きな壁があるのではないかというのが私の認識でした。日本人の時間意識は特別なものがあり、それを生み出しているものが、日本語の中にあるという問題意識でした。日本人は会った最初から打ち解けて親しくなるというのは珍しく、時間をかけて徐々に付き合いを深める中でこのお互いの関係を深めビジネスの幅を広げていく傾向があり、外部から見るとこれが日本人の閉鎖性、参入障壁にもなっていると考えました。

　このことを正確に認識して事に当たらないと、外部の圧力から心理的壁を、決められた制度と誤認して、やたら制度を緩和するといった事になりかねない。問題の所在を明らかにしないまま、圧力に抗しきれず、

余計な緩和措置をとってしまうという傾向があるように思いました。

２）帰国子女の悩み

かつて、帰国子女が、日本の学校になかなか馴染めないという話がありましたが、海外で育った子どもが日本に帰って学校等に通う段になると、すぐに溶け込むことが難しいほどの壁にぶつかる。その原因が日本語というものの特質にあることに気づく必要がある。

対等の人間関係の世界から、突然忖度言語の世界に入ることによる戸惑いに起因することからきていると考えて間違いないでしょう。対等関係から忖度の世界に入るのは難しいのは当たり前のことです。

対人関係で対等意識を持つという点で、海外生活経験の重要性がここにある。海外の知見を得るだけではない。言語構造からして、一般的にはタテ型でない社会での経験は、民主主義の意味を理解しやすくするのは間違いない。

３）紹介

日本の社会で、企業活動やさまざまな交渉事項で新たに人と会わなくてはならない時、相手をよく知る人の紹介を受け受けて交渉事に入っていくということが一般的に行われる。相手をよく知っていて、相手から信頼感を持って見られている人の紹介は最も大事である。このことにより、なじむ時間を著しく節約できる。

有力者の紹介もなじむために非常に効果があります。知らない相手でも信頼度の高い有力者の紹介がある場合は、一挙になじみを深めることにつながっていきます。相手から深い信頼を受けていることがないと思われる人の紹介は、かえって壁を作ることにもなりかねない面があります。紹介を受ける際には、紹介をしてくれる人の資質をよく見極めておかないと逆効果になってからでは手遅れということになります。紹介者を間違えた時は、なかなか取り戻すことができません。

かつて、某学会の大会企画部門で、出演予定者のリストアップをし、これから交渉に入ろうといった時に、担当の一人が、「私はこの出演リストメンバーの方と面識がないので、交渉することができません」という断りを受けたことがありました。コミュニケーション力は人それぞれの経験の構造や性格によって異なりますが、初めての出会いの演出は、日本社会ではなかなか難しいのです。

４）名刺

名刺の役割は日本社会で非常に大きいものがあります。日本における人と人との交流、交渉等に当たっては名刺の効用が大きい。相手の立場を知り、そのことで話し方を決めることができるからである。なじむ近道といって良い面があると思います。

５）仲介 〜 仲介業 商社 メディア 士業等

タテ社会については次章で具体的にお示ししておりますが、タテ社会を横に繋ぐ機能として仲介行為が発達していることがわかります。ウチをソトに繋ぐ役割で、日本ではこの機能が不可欠です。

仲介の形は日本ではごく一般的なもの、その範囲も、商社、メディア、士業等さまざまあります。

なお、よく考えてみると、日本の行政機関というものも、仲介業としての役割を果たしているとみることができます。タテ社会であるがゆえに、ソトの世界との信頼できる仲介の役割を、日本の行政機関は果たしている面があると言えるのではないでしょうか。海外の行政機関については、よく中間搾取的な行為が話題に上るが、日本では、公正性という点で、かなり信頼を獲得しているのは間違いありません。おかしなことをすれば、大きな問題として大きくクローズアップされることが多いのは、もともと行政機関に対する信頼が極めて強いことがあるためです。信頼を裏切った見返りは果てしないものがあると

いうわけです。

　仲介機能についてはそれぞれ固有の役割があるわけですが、見方によっては様々な業態いずれも、ウチをソトに繋ぐ仲介業とみることができます。タテ社会であるが故にこうした仕事があるのだという視点にたてば、これらの仕事の見方もまた変わってくるというものです。士業などでは、仲介のために存在するとしか考えられないものもあります。

6）商社・メディア・士業

　日本社会を欧米社会に繋いできたことで役割が大きかったのは商社である。

　商社とは主として海外の必要組織と国内企業などを繋ぐことを目的に、活動をしてきた。時には商社自身が、つなぎだけでなく、自身がソトとされるところから注文を受け止めて、自ら製造の対応するということまで行われてきた。ここには繋ぐことで信頼を獲得することへの自覚がある。

　メディアは、政治・行政・企業等さまざまな活動を人々に繋ぐ役割をしてきた。タテ社会では、この横に繋ぐ機能の役割は甚大であった。メディア産業が近年隆盛を誇るようになったのは情報の流通手段が著しく発達したことによる。仲介業という意識そのものをおそらくあまり持っていないと思われるが、日本がタテ社会であるが故に一層果たしている役割は大きい。特にタテ社会のソトの世界と繋がる媒体であるので、そこで視点の誘導が起きることは避けられない面がある。

　問題は、背景が隠されたままで、誘導されるのが一般であるので、人々の間にそうした可能性を冷静に詠み取る努力が必要ということにある。具体的な課題を通して日本人の考え方がどうであるかということに関して、広告業の大手は、常に人々の反応をチェックしている。いわゆるビッグデータと言ってもいいようなものである。これによって日本人の性向を日頃から捉えることができる立場にいるので、人々を誘導するためのテクニックに熟達していると考えるべきである。いわゆるマスコミというのは、人々の側から見れば発信装置であり、一方的に誘導情報を送りつける役割を持っている。つまり、受信得意、発信不得意の日本人を操作するのに大きな機能を果たしていると言える。

　新聞業界は、IT の浸透により SNS などの情報装置により斜陽の淵に立たされている。一方は主にに発信装置であるのに対して、SNS は受発信装置であるからその違いは今後とも大きくなっていくことは間違いない。日本で、新聞業界は、今まで宅配という手法をとって、購買層を著しく拡大してきた、その意味合いをどう捉えているのであろうか。今、発行部数の減少は、そうした宅配の仕組みを作り出した功績を無に帰しかねない状況である。インターネットを使って配信し、これを有料にするというだけの対応は、知恵がないとしか言えない。元々、IT 技術は低コストを実現した手法なのに、今の状況は、これを全く無視してやっているだけだからである。

　士業は、主として個人的な活動形態としてさまざまな専門分野の内容を求める、人々につないできた。様々な国家資格を設定することで、仲介の信頼性を高める形で営まれている。

7）行政も仲介業として大きな機能を持っている

　日本では役所への注文は絶えることがないが、同時にこのことは、タテ社会の相互調整が難しい様々な局面で、公正に仲介機能を果たす中立的な組織の存在が必要とされたからという見方もできる。タテ社会間、あるいはタテ組織間の争いを未然に防ぐ形がどうしても欠かせないからなのだ。行政に対する一定の信頼があるのは、こうした仲介機能が組み込まれているからである。人々にとって行政の存在意義は役割の公正さにある。海外の行政機関に比べて見ると、日本では行政が信頼を受けられるほどの公正さで、仲介役を担っている面があると言って良い。逆に言えば、ソトとの直接的な交渉に伴うリスクが計りきれない面があるので、行政という仲介機能に委ねる形が定着してきたと言って良いのではないかと考える。

　ところで、士業の中に行政書士という職がある。市民を役所につなぐ業態ということなのだが、なぜ

こうした業態が求められているのであろうと考えたことはありますでしょうか。

　役所のスタイルは、（適切な言葉ではないかもしれないが）末端に行けば行くほど対象案件は国民のためのものが多いと思います。役所の仕事自体、仕事の進め方としては、相手の立場に立つのではなく、公正さで非難を受けたりしないしないことを優先して制度の細かい部分を作っている。やむを得ない部分もあるが、自己保身という要素のなきにしもあらずである。そのようなことを勘案した上で、自分の都合で制度を構築しているので、それを市民に繋ぐためには、解釈人として行政書士みたいな業態の必要性が高いのです。行政書士は、典型的な人々と行政の仲介役ということになります。

　結果的には、やや独善的に自己都合で政策を作るために、それを解釈し運用する場面では、説明する人が必要になるのです。私たちは専門家ではないし、ましてやあらゆる分野の専門家であることはあり得ません。独善的に作られる政策について、それを丁寧に解釈し、手続きを場合によっては代行してくれる仲介役が欠かせないのです。ちなみに行政書士は、役人ＯＢの再就職の場でもあります。これに似た役人ＯＢの仕事の分野として、税理士などがよく知られていますね。仲介者が必要なほど、行政は独善的であるという見方も成り立つかもしれません。

８）政策よりも「なじみ」優先の世界＝政治家の場合

　日本では、選挙で選ばれるのは「なじみ」のある人であり、政策で選ばれるケースは少ないというのが現状です。いくら政策的に優れたことを言っていても、知らない人に投票することはなかなか判断できることではありません。外見的には政策選択と言っていても、候補者は、名前を覚えてもらうことが何よりも大事で、そのために集会でできるだけ多くの人に会い、ビラを作り配るために金も使い、辻説法で真面目さを最大限演出するような行動様式になっていきます。

　さらに言えば、メディア露出度の高い人は、メディアを通じて人々になじんでいるために、ある種、ウチ的な部分が生まれて、票を獲得する可能性が高くなっていると言えます。

　このこと自体は、よく考えると極めて異常なことなのですが、誰もそれをおかしいとは思っていません。つまり、政治の世界もなじみの深さによるのであって政策によるケースはあまり多くないということです。このことから見ると、衆議院議員選挙で小選挙区制が敷かれたことにより、一度なじみを得た人は次も当選する可能性が高くなるという具合で、世襲化が進むことになります。

4 タテ社会を導く日本語の世界

「タテ社会」とは相手を見定めてコミュニケーションを取ることの煩わしさから、それまでに築かれたフレームの中での深掘り型の世界が中心になっていく習性から生まれたかたちです。いわゆる「タテ社会」化である。そこからこのタテ社会の弊害を含めて、さまざまな派生事項が生まれる。タテ志向の強さが、日本社会の特性を作り出している反面、マイナスをもたらしている面もあることを忘れないようにしなければならない。

タテ社会化というのは、これは要するに、誰とでもいつでも平気で対話できる環境というのは、日本人は持ってないことを意味します。初めて会った人に、「お前は今日こういうふうにしろ」などとは、絶対言わないわけです。少なくとも丁寧に話すしかないわけです。

だから、そういう日本人の持っている特性を捨てられない限り、タテの方向にどうしても行ってしまうのです。

自分の知っている世界は一生懸命頑張るのだけれど、それ以外の世界は別の世界ということです。日本社会の場合には、ウチとソトというのはほんとうに当たり前で、しかもタテ社会について、中根千枝さんの「タテ社会の人間関係」というのがありますけれど、このタテ社会を導いている最大の要素は日本語という言葉から来ている、というのが私の考えです。そうならざるを得ない特質を日本語は持っているのです。

だから、そういう特質であるということを前提にして、人との付き合いをどうするかというのを考えていけばいいわけですけれども、それを自覚しないまま行動していると、どこかでうまくいかないことが出たときに、もうその人とは付きあわないというような感じになってしまうわけです。

日本語の敬語は相対的敬語であり、話す相手の立場を考えて言葉遣いを改める必要がある。社会的地位がどんなに高くなっていっても、さらにその上の立場と認識された相手には、言葉遣いは変えなくてはならない。

日本の場合は明治以降、政府が企業を育てて、大企業がたくさん生まれてきたわけですけれども、大企業になるとタテ社会の組織の中でも事大主義というか、現実的には上におもねって生きるというような生活スタイルになっていく傾向がどうしても出てきてしまう。上に対して問題提起をするとか、ほんとうは常に発信するようにしたくても、そういう自分の考えを躊躇する傾向が強くなる。これがタテ社会の一つの課題でもあると思うところです。

事大主義が蔓延る組織になった時からその組織の発展可能性は、非常に小さくなっていくことが想像できる。組織は、常に自己点検し、発展可能性を見出していかなければならないのに、事大主義となると特定の人しかその力を発揮する場がなくなるからである。いてもいなくてもいいような中間職の誕生である。これは日本の組織のトップリーダーの役割というものの認識につながることでもある。

1）ウチ、ソトの峻別　身内贔屓　恥

ウチ・ソトの関係は重層関係にある。係、課、部、組織全体、業界……といった例で捉えることそれなりの重層関係があると見ることができます。

タテ化が進むに従って、ウチ、ソトの峻別が際立つようになり、大きくなったウチの領域では事大主義が支配する可能性が高くなっていきます。

また、ソトも含んだ競争型の催しで、同じ評価点が与えられる案件のような場合、必ず身内贔屓が蔓延することになります。分析が客観的に行われても最後は身内優先ということに帰結することは多くなります。また。内部での抗争はあっても、いざ外部との争いとなると、身内としてのウチに軍配をあげ

るケースが多くなります。

　恥というのはウチの世界でのことであり、ソトの領域でおかしなことを行っても、恥ずかしいという
意識はなかなか生まれない。自分を知っている人たちが多いところでは、気になるが、知らない人ばか
りの世界では（実際は周りからは異常に感じられているわけだが、）本人は恥ずかしいという意識を持つ
こともないのである。

　その意味で、ウチでおかしなことをすると、ウチでの評価が定まることになる。恥ずかしいことを持
続的に監視されているところ（ウチ）では、おかしなことをすれば、いつまでもその恥ずかしく見える
ことが周囲の記憶から離れることがない。

　恥の概念はなくなったという人もいるが、日本社会では厳然と存在していると言えます。一方、ソト
の領域では、恥はかき捨て……例えば、「旅の恥はかき捨て」と言ったことになります……一般的には国
内での場合ということになりますが……。

ソトの世界に関することは、感性が先行する。

　タテ社会の内部のことに関しては、詳細にわたる事項についてのやりとりがあり、その中で判断が下
されることになる。タテの組織の全体を捉えつつ、それぞれの行動が進められていくことになる。

　一方いわゆる「ソト」の領域に関しては、ウチの状況ほど正確に事態を読み取ることはできない。ソ
トの領域も日々変化が起きているわけだが、事実上、ウチと同じだけの分析を進めることも難しい。客
観的な見方を正確にできるほどは情報も整っていないし、ソトで流通している情報の範囲で判断するし
かない。そうしたことから、ソトの動きに関しては、ウチでの経験を踏まえつつ、まずもって感性で事
態を捉えることとなりやすい。そこでは、**分析に先立って**、**好き嫌い**、自己の感性にフィットするかど
うかが先に立つ。直観力が、客観分析に先行すると言った方がいいだろうか。その上で、ソトの世界の
周辺の見方に同調するかどうか、どう外部現象を見るかが定まっていくのである。ウチと同じだけの客
観分析は、ソトに関しては望むべくもない。ウチに取り込むというだけの興味を抱くなら、さまざまな
客観分析を行うようになるであろう。

　常々、政治の世界はすべての人それぞれにとってウチであるはずと言っているが、タテの形になじん
でいる人にとっては、見えないソトの世界になってしまうのは、それだけ、世界が広がりの中にあるか
らである。そうなるためには、人物本位の政治の世界から政策本位の政治に転換することが、手っ取り
早いことになる。

ソトとの争いについて収束の概念が存在しない　海外から恐れられてきた点はここにある

　明確な仲裁機能が定まっている場合を除いて、ソトとの争いについては日本社会では収束の仕組み・
ルールがあまり存在していないということがあります。ルールがないソトとの争いでは、かつては、「喧
嘩両成敗」などという形が採られました。まして海外との争いになると、この点は深刻です。延々と争
いは続くのです。日本が海外から恐れられている一面はここにあります。「一億総玉砕」などと言われれば、
なんと恐ろしいことを言う国民かなと、普通では思うはずである。そうなるまで戦いをやめないと言う
ことだから、そのためにどれだけのことをするかわからない、どこまで行くかわからないと言うことで
ある。

　現代社会において核というものを持っている国は、自国が崩壊の淵に立った時に初めてこれを使う判
断をするかもしれないというのが私の考えであるが、これは抑止力としての核の発想からするとそうい
うことになるだろうというものである。しかしアメリカは、相手を負かすために、核を使った。アメリ
カをはじめとした、これに近い国々は、そういう意味で、非常に危険な判断をする国であると思うので、
気をつけなければならない。しかし、当時は「一億総玉砕」と言った言葉が踊る国との戦争であったと
いう点もある。そうしたことを踏まえた上であったのか、元々核と言うものを戦いに勝利するための単

なる道具と見ていたのか、私にはよくわからない。「オッペンハイマー」という早川文庫の本を注文したので、そのへんの勉強をしてみたい。

2）タテ社会は重層関係にある

　係、課、部、局、組織全体、業界……等々。
ある係の人にとって、隣の係はソトである、しかし課と課の争いになれば、隣の係同士はウチとなる。これが業界関係となっても同じである。同業者は他の業界との関係では身内にもなるし、ソトとして敵対関係にもなりうる。どこまでがウチで、どこからがソトになるかは、その組織や社会における相互の関係の深さによって決まると言わなければならない。かなり主観的要素でウチ・ソトが判断されることになる。

3）一見の客お断り

　ウチにソトのルールを持ち込む人は困る。一見の客は、どういう考えをもち、どういう行動をとるか計り知れない、招かれざる客である。名前の通った古くからの老舗などでこうしたところもまだいくらも存在しているであろう。行きずりで、初めての店に入るとまず視線からして異様な雰囲気となるような経験をしたことはないだろうか。
　ここでそうした店に入る場合に大事なのは、そこでは常客を通した紹介ということで入ることが必須ということである。そうでなければ、異様な視線で、実質的に排除される危険がつきまとうことになる。店の常連で、非常に信頼を得ている人といけば、何も問題はなく、百年の常連のように扱ってもらえることになる。
　実際問題として、そうした形でなければ、店自体が成り立たないのである。常客とその知り合いという形を通して客を確保していくようにしないと客が減るだけになってしまうからである。

4）「この道一筋」志向

　この道一筋志向……タテ型組織では、深掘り型事業形態が浸透している。千年企業など長期に亘って業態を維持発展させている企業が、海外の国々に比べて日本ではダントツに多い実態がある。
　ここでは、あまり大規模化の組織論を持たない。その場合は単に組織構造の問題だけでなく、それぞれの組織の役割、戦略性を備えた作りができていなければならないが、誰もが認める組織論としてまとまったものは日本には存在していたように思われない。大規模化して行くと、したがって往々にして事大主義となっていく。
　日本では大きくなることより、この道一筋、深掘り型の中小企業王国となる。これが日本人の仕事のスタイルとして合致しているのである。

5）事大主義　秩序志向　専門化が進むに伴いタテ意識が強まる

　タテ社会化が進むと、規模が大きい組織や社会の構造になると、往々にして事大主義が幅を利かすようになる。大勢となる立場に異を唱えることができなくなる傾向が強くなる。水戸黄門のドラマを見て安心し、現代の探偵物を見て楽しむ姿の中には、事大主義のなせるワザがあるとは言えないだろうか。ここでは人間は皆対等という意識はなかなか定着しない。タテ志向の強さが災いとなることもありうる。
　一方でこの流れ自体は、「秩序志向」につながる。「犯罪の少なさ」は秩序に従う資質が身に付いていくということにもなる。このことを持って、日本人の中には、外国の人たちが、日本で犯罪を犯す傾向が強いという発想を強めるようになっている。

6）本音と建前

　日本では本音と建前の区別が様々な局面で見られるが、これにはある程度決まった形がある。ウチにあっては本音、ソトに向かっては建前ということが、ある程度はっきりしている。つまりタテ組織のウチでは人間関係がわかっていて飾らなくても良いので本音で語れるが、ソトではそこで作られているルールの範囲で語ることが多くなるということである。

　本音で語る人を私たちは信頼する傾向が強いが、その人の世界が広がりを持ち、ソトの領域まで、ウチに取り込んでいるからとも言える。意図的に、取り込んでいるふりをすることもあるが、話を聞く側から見ると大体はわかっていることが多い。見破られているのに、ウチであるかのような物言いをするケースでは、信頼が失われることもままあると考えた方が良い。

7）社会意識形成の困難　　社会意識形成の方策

社会意識形成の困難

　タテ社会は、全体（ヨコを網羅した形としての全体）に通じる意識形成が難しいことを意味する。タテ社会それぞれで違ったロジックの立て方をしていたりということも考えられ、共通なものを見出すことは不可能に近い。そういう中では、ソトの世界に関しては声の大きいところに同調していく、あるいはそうしたことに納得しないまま付和雷同していくことになってしまうのが実態である。声の大きさが社会意識と錯覚することも多いということである。

　日本では、政治の世界で政策主導が浸透しない一因は、タテ社会にあるとみてよい。普遍性を持って目指す政策は、タテ社会ではなかなか作れない。挙げ句の果て、選挙に際して、政策本位は定着せず、人物重視となっていく。知名度の高い人が勝ちとなるのである。

社会意識形成の方策

　タテ社会は、ウチ・ソトの区別ははっきりし過ぎており、ソトとは身をすり減らす競争に入っていってしまう。このため、今までは同業企業の間では競争に耐えられないところから談合に向かい、また、かつて語られた卑近な例では、子どもたちの運動会での徒競走では手を繋いで一緒にゴールするなどという笑えない話がある。

　タテ社会それぞれで違ったロジックの立て方をしていたりということも考えられ、共通なものを見出すことは不可能に近い。しかし現代のツールであるITを本気で導入することにより、横の連携システムは別の形で作ることが考えられる。

　ZOOMにのめり込むだけでなく、それぞれの業態で専門家が知恵を発揮し、連携のシステムとして構築していくことを考えることが望ましい。

8）ソトの世界では同調するしか方法がないことが多い

　ソトのことを、ウチの事情と同じようなレベルで正確に捉えることができないので、ソトに関しては、声の大きな意見に同調する傾向がどうしても出てくる。心理的に「**同調圧力**」と感ずる現象にもなる。極端になると自分の方から声を合わせるという「**付和雷同**」になる。

　ソトの世界ではそれぞれが別の論理で活動が営まれていることもあり、詳細にはなかなか踏み込めるものではない。

　研究者の世界でも自己の専門分野とその他、ということで、専門とする分野以外はソトということになる。学問分野がなかなか統合された形にならないのは、専門の度合いが高まるにつれて、それ以外が

ソトになっていくからである。現代の病弊に自ら埋没していると見られる状況が生まれる。そうなると、明確な自覚がなければ、これを克服することはさらに難しくなっていく。問題は、研究者、学問の分野の問題だけではなくさまざまな分野でこういう現象は進んでいるということである。全体を俯瞰しながら専門分野の研究を深めていくことしか、問題を乗り越える道はないだろう。部分から全体に入っていくのではなく、全体から部分へという発想である。もっとも、部分から見ていくことでも、全体の中での位置付けを考えることによって、全体性を確保する目は育っていくので、諦めることはない。問題意識だけは強固に持っている必要がある。

　ソトの世界の状況に対しては、外部からモノ言うだけで、責任ある立場での発言は憚られるものがある。要するに同調するか否かと言うだけのことである。同調も、否定も明確な論拠のもとに行われるとは言えない、大きな声がもたらす同調圧力に乗るだけのことである。
そうした中で自ら主導する立場に立つと、付和雷同型の行動が生まれてくることになる。

5 日本語特性としてのボトムアップ

役所に入ったその日に、ボトムアップという環境に晒される

　1967年（昭和42年）の4月1日に神奈川県庁県立病院課というところに入ったのですけれども、行って所属長代理から言われたことは、君の担当はこれこれだから、いろいろ考えることがあったら提案してください、ということでした。非常に狭い領域なのだけれど、ボトムアップ社会というのは仕事が任されている部分がはっきりしていて、そこに関しては、自分が動かないと何も動かない世界なのだということを否応なく知ることになりました。役所に入った時に抱いたこのカルチャーショック、課として所管する仕事の一部が、初めから担当者に任された世界に入ることになりました。

出発点は自分＝ボトムアップ

　ここから、出発点は自分＝ボトムアップであるとの認識を持つようになりました。学校教育で受けたトップダウン的仕事スタイルが当然だと無意識のうちに考えていた世界から、いかに早く脱皮してボトムアップ型仕事スタイルを身につけるかということが、日本の組織で仕事をする場合の鉄則なのです。要するに、日本における欧米模倣型の教育の現実と社会の実態との不整合がここにはあったということです。

　ボトムアップで作られる構造は、細分化された組織が、上にいくに従って集約度が高まるということであり、企業・行政等の組織に適用された場合、ボトムでは細分化された一部を担う構造となることが避けられません。そしてこの構造は日本型情報システムとして情報ルートともなっています。担当から政策提案がなされるということは、そこに情報源があるということなのです。日本では、これが年功序列制度と組み合わされて、高度経済成長期にはフルに機能しました。しかし、成長しない時代に入って、さまざまな問題を生み出している面があります。年功序列の仕組みが機能する条件は、歳を重ねるに伴い少しずつ職位が上がり、給与が上がるということを意味します。成長しない状態では組織は拡大せず、ポストが増えませんから、上司の処遇次第で上がる年数が変わって行かざるを得ないということになります。そして、何よりも大きなポイントは、今までに経験したことのない新しく、かつ大きな問題が発生したとき、ボトムアップ組織は対処が常に遅れるということがあります。現代の情報流通スピードに比して、組織の対応は、大体遅れをとることになります。

　タテの社会というのは、そのボトムアップの典型的な構造を作っているわけですけれども、とにかく自分が原点でその他の人との関係を作っていくという構造を持っているというのが特質であって、だからここから日本人としてとにかく何かやっていく場合には、自発性みたいなものは最も大事になる。また、組織としては自発性を喚起できる状況をいかにして作るか、ということが、組織の将来性を決めていくことにもなるということです。

　やる気にならないと、自分が動かないわけですね。自分の中の自発性というものを発揮させて、自分なりに活動の方向を見い出してはっきりさせていかないといけない。このことは、教育関係では基本的なことだと思うのです。抑え込む形で指導するということではなくて、自発性を発揮させて本人の能力を展開出来るようにするということが必要なのです。

　原点となるボトムは底、末端という意味ではなくて、原点が自分自身であるというふうな理解をしているのです。タテ社会で生活していく上で、いろんな問題提起をしていくときは、全て原点から上がっていくということです。また原点の活性化をいかに図るかが日本の組織運営の要諦ということにもなります。

　非常に面白いのですけれど、日本の人って、あんまりこういうことを認識しないのです。実際学校で

受けた教育は、欧米流トップダウンですから、そのつもりで仕事をすることが一般的なのです。

　だから、自分が動かないとその分野のことは動かないというふうに、仕事に就いたらできるだけ早く認識をして仕事をすると、活躍できる。役人となった人はなかなか認識しにくいが、民間組織に入った人はすぐに自覚して活動するようになるようです。10年、20年経って吸収するノウハウに格差がはっきりと生まれてきます。

　そうしたことについて、ある時期から自らを揶揄する意味合いも込めて、定年になってからの役人はどこでも使い物にならないから、外郭団体に行くんだ、などと言っていたことが思い出されます。民間組織のどこでも引き受けてくれるような自発性に基づいたノウハウを獲得していないので、役所が用意してくれた外郭団体に行くしかないと思ったということです。

　実際問題として、役所に入ったときは、わけがわからなかったのですが、時間が経過する中で思い立ち、組織の中で自分がこれをやりたいと思った時は大体実現できる環境があったのです。

　役所の中で1年半経ったときに、当時マネジメント・インフォメーション・システム（MIS、経営情報システム）という言葉がいくつかの雑誌の中で踊っていました。後から振り返ってみれば、全然進んだ段階ではなかったのですけれど、概念だけは出てきたのです。（MIS の実態らしきものが見えてきたのは、IT（インターネット技術）が普及し出した1990年代に入ってきた頃からですから、ずっと後のことです。）それでも、MIS というのは、役所の体質を変える契機になるかもしれないというふうに思って、コンピュータをやらなくてはいけない、コンピュータ部門に行かなくてはいけない、ということで、デモンストレーションとしてコンピュータについて教える鎌田の学校に通うことにしたのです。そしたらすぐ転勤させてもらってコンピュータ部門に異動となったのです。

　そこでやりたいことをやった。そして、やりたいことがなくなったら……当時の技術レベルでは限界があることがわかったのと、それから後、自発性を発揮したいテーマが見つからないようになったら……勝手に使い回されるようになりました。だけれど、やりたいことを持って自分が志しているときは、やらせようという雰囲気が組織の中にはあるのです。もうどうでもいいやと思ったら、組織が勝手に動かすのですけれど、自分がやりたいと思って主張したことについては実現できないということはなかったような気がしています。ボトムアップというのはそういう意味合いを持っているということです。

　大袈裟に言えば、誰もが志を抱き、それに向かって邁進できる環境が整った時、ボトムアップの活性が開花すると言ってもよいと思います。

1）日本はトップダウン社会か？

　事大主義の体質が染み付いているため、日本社会はトップダウンであると誤解する人が多い。往々にして、トップに辿り着いた人自身がそのように思っているケースも多い。これは、タテ社会の1つの現象として事大主義の実態を見ているところから来るのかと思うが、事大主義自体、ボトムアップの構造があってなり立つのであって、トップダウンということは全くできません。その、殿様社会の中にこそボトムアップ構造が埋め込まれているのです。年功序列の中でトップについたリーダーは、ウチの領域で競争相手を追い落とすだけ強かった結果であるが、ソトに強いかどうかは保証されない。リーダーとして、ソトも含めた全体の中で物事を判断して進めることができるかどうかという点は保証の外のことなのである。

　持ち上げるエネルギーが常に活性化して機能していなければ、トップは裸の王様にすぎないのが日本である。

　このボトムアップも構造的に考えると、日本語の敬語の形そのものからきていると考えられる。1つの活動単位となった組織では常にタテ志向の動きが強く働く。

　なお、ボトムアップは、日本の組織での活動の形としては、極めて重要なのですけれども、先ほどもちょっと申し上げましたが、緊急課題が発生した時にはボトムアップは対応できないということも考え

ておかなくてはなりません。特に新しい課題が起きているときは、ボトムアップは全く機能しないと考えた方が良いと思います。緊急課題に対しては、上層部から、返って抑圧がかかるので、自発性はまず機能しなくなるので、ボトムアップの本来の形が機能しなくなるという面もあります。

これを経験的に示したのはコロナ対応の時です。コロナのときにいろいろな情報が流れていたのですけれど、ボトムアップではほとんど何も決まらなかった。しようがないので、安倍晋三さんはアベノマスクをやったわけです。それから一斉休業をやったわけです。いい加減なことをみんなやらざるを得なかったのは、ボトムアップが機能しなかったということとしか考えられません。

だから、一度経験した後であれば、普通はその経過を踏まえて、きちんと検討して、2回目はちゃんと出来る可能性はあると思うのですけれど（その後の検討と仕組み作りがきちんとなされていなければ2度目でも同じ経過を辿ることになりますが……）、最初に緊急時、しかも今までで経験したことのない現象に対しては、ボトムアップはまず機能しないということを考えておいていただくといいと思います。ただ、日常的業務に関しては極めて効率的なシステムです。

ボトムアップ社会の持つ特質は、平時は極めて円滑に機能するが、緊急時には機能せず、誤った方向に行くことが多いということである。コロナ禍の中で多くの事例に出会ったように、稟議のシステムは緊急時対応をすることはできない。

２）情報システムとしてのボトムアップ構造

日本型情報システムとして情報ルート＝ボトムに情報が集約する社会

ボトムアップの実態は、時間経過とともに情報システムとして機能するようになった。トップに向けての情報提供システムである。他方、指示命令はこのルートを使って逆に流れる。

この情報システムは、IT による情報システムとは基本的に異なるものとの理解が必要である。IT システムでは、トップに全体構想があり、ブレイクダウンの情報システムが構築される。ここでアメリカを中心として、情報化は新しいフェーズに入って急速に発展することになった。他方、日本の既存システムは、成り行きで生まれた情報システムとも言え、結果的に情報システム機能を持つようになったものである。それぞれの部門からバラバラの情報が上層に上がっていくが、内容的に統合される保証はどこにもない。年功序列で上り詰めたトップに、それを統合する能力を期待することは出来ない。ボトムアップの情報システムは、居ながらにして情報が上がってくるシステムであり、これに依存している中では、トップダウンのシステムを自らの発想で作り出すというやり方は生まれにくい。

したがって IT システムとの違いには本質的なものがある。この違いを正確に認識しないと、日本では IT システムは定着しない可能性もある。ボトムアップの情報に依存したシステムでは全体構造を把握する発想が欠落しているからである。情報に長けていると自認するトップは、指示さえすればシステムが出来上がると勘違いするのが日本社会である。

３）組織のフラット化

高度経済成長期には、組織の拡大、年功序列に見合った組織づくり、という面で、組織の拡大とともに、それぞれを統括するポイントに中間職を置く形で進められてきた。これは日本型組織拡大の過程で不可避の要素もあったと言えるかと思う。働く動機づけをする昇進システムとするために、中間職ポストが際限なく作られた。ボトムアップによるタテ社会の組織は大きくなるにつれて中間職が膨れあがる組織である。

しかし、中間職は、管理的な側面で作られるケースが多く、成長しない社会になったときに、管理は、即、抑制要員となる宿命を持っていた。組織の活性は衰え、仕事の進展も図れない構造を抱えることになった。

拡大できない社会になったことの原因究明はもちろん必要であるが、組織としては、この中間職をできるだけ廃止する方向を目指すことが大事である。中間職に特命を与えてタテ組織とは別の形で働かせ

ることもあるかもしれない。担当として働く状況を組み込めることができれば、それも良い。

　基本は、発想力を発揮できる体制をいかに築くかということであり、中間職イメージを廃して、働く環境として組織をフラット化することができるかどうかということである。

　組織のフラット化がボトム活性化の可能性を高める。同時にフラット化に即した仕事の統合への道筋を作らなければならない。

　稟議制度、そしてこれは活性化するかどうかは、皮肉ながらトップのリーダーシップのあり方一つで決まる……ボトムアップをいかに活性化させられるかということである。ボトムアップ機能を全開にできる環境をいかにして担保することができるかということである。

　リーダーは、担当する分野からの提案が出やすい環境を作り、また出た提案を全体のものとして活かす能力、さらに、必要であればより良いものにする示唆を出す能力が不可欠である。

　政治の世界でも、日本でのリーダーシップのあり方で、トップダウンの誤用、認識の不足・下手ということが起きている。自らの選挙区ではボトムアップで進めているのに、議会の場にくると、権力で可能な限り相手を抑え込むことがリーダーシップだと誤解している面が見える。

４）全員企画構造

　日本型組織を最大限活かす方法として、全員企画型を位置付けることが重要であると考える。誰もが事業遂行者であり、尚且つ事業の企画を行なっている形を取ることを意味する。

　つまり、全員が企画担当の可能性を持っているのであるから、この全員企画の構造をいかにして実体化できるかということである。一人一人の知恵の発揮を求め、それを全体の所管事業の中に如何に結集していけるかが、日本において問われるリーダーの資質と言って良い。欧米や海外諸国のリーダーシップの取り方とはかなり異なるものと理解すべきである。

　何よりもそうした方向での意識づけを行うとともに、どの立場にあっても企画発想を受け止める形を組み込むようにする。日本語由来の組織のあり方について認識をすることが大事である。一人一人の自発性を発揮させる形をどうすれば作れるかということである。仕事を進める形は、働く人たちの感性を最大限、自由に開花させるものでなければならない。

　いわゆる全員企画型構造である。これを実現できるなら、組織の大小に関わらず組織は発展過程に入ることができる。

５）分権化との親和性

　これからの時代は、海外に範をとり集権型で上から実行すべき課題を展開していく構造から、分権型構造への転換が新たな状況への対処を可能にする。もはや、海外に先行事例を見つけられない成熟社会になっているのであり、「未踏の時代」なのである。ボトムアップ型は大組織のケースでは、どうしても事大主義が横行しがちになり、円滑に機能する可能性は低いのであるが、分権型構造を採用することによって、組織活性を高め、やり方次第で統合度の高い構造を導くことができる。

　このことは、統合化をあまり考えなくても良いような小規模組織の場合にも言えることである。中小企業においては、このボトムアップを華開かせ、ユニークな中小企業の活動を進めていった事例は多い。長期にわたって継続する中小企業の事例は日本で非常に多い。

　これから先は、巨大化を目指すのではなく、一定の規模での活動を進めると同時に、横の連携の仕組みとしてITの活用を考え、システムをうまく作ることによって、大組織と同様の機能を果たすことができるようになると考え、そうした仕組みづくりに注力することが望ましい。

6）日本における軍隊型組織の機能

　軍隊型の組織は、通常トップダウンの典型と発想される部分があり、ボトムアップの日本の組織観とは相容れないものがある。まず、そのことを正確に認識することが不可欠である。ボトムの活性が日本の組織の生命線であるのに、軍隊の形に見られるトップダウン型の組織では、これが機能する余地がない。ボトムアップ前提の年功序列制度と併せて、トップダウン前提の欧米型の参謀組織を用意するといった、発想の根幹の異なる制度を重ねることは、最悪の形となる可能性が高い。参謀の独断がそのまま実施に向かう形が、ごく一般的なものとなっていく可能性が高いのである。

　ボトムアップ日本で、トップに参謀を配置するという形は、歴史的に見れば、側用人システムといって良いと思う。現在でも同じようなことがいくらでも起きている。表に出ない人が実質的権力を担う形は、日本の組織ではよくあることであるが、これは組織に働く人々にとって歪んだ組織観を植え付けるもので、全く好ましいものではない。ボトムアップとして備わった活性エネルギーを全て削ぐことになるからである。

　それでもトップダウン型の構造でなければ軍隊組織が機能しないということを考えるなら、欧米型トップダウンと日本のボトムアップ型構造との違いを論理的にきちんと位置付け、その上で組織の人々を納得させて組み込んでいくしかない。それでも不可欠なのは、ボトムの自発性をいかに担保するかということである。

　日本のボトムアップ型の構造の不可避性をきちんと認識した上で、指揮命令機能を100％働かせうる形をどう作っていくか、創造的な発想が求められる。

軍隊型組織とボトムアップの相剋

　トップダウン型組織の典型としての軍隊型組織と日本社会の基本特性としてのボトムアップは、根本的な課題を含み持つ。軍隊型組織では上の命令は絶対という理解が多いはずである。

　実際問題としては企業組織などは皆同じ課題を抱える。日本では、ボトムアップを排除したトップダウンは行き詰まるしかない。リーダーの資質の問題もあり、日本型のリーダーシップということでは、自らの方向感覚を明確に保ちながら、部下の発想をできるだけ取り入れるという視点が日本の場合は重要である。しかし、年功序列型の制度が敷かれている組織の場合は、そうしたリーダーに巡り合うことは偶然に過ぎないし、ボトムアップとトップダウンの構造の違いを認識していなければ、機能する組織を作ることは非常に難しいと考えておかなくてはならない。戦前の日本の軍関係の行動をこの視点で見直してみるのも面白いかもしれない。

7）日本的リーダーシップのあり方とは

　それでは、日本におけるリーダーシップの形とは一体どのように考えればいいのだろうか？

　日本におけるリーダーシップのあり方を考える際は、欧米にはない発想を組み入れる必要がある。組織全体の構成員の一人一人の発想力を全開させるために何をすべきか、ということである。リーダーの立場にある人が、単に仕事を遂行させればいいという考え方しか持っていなければ、組織は沈滞していくだけということを認識してもらいたい。

　ボトムアップ型組織で、トップになった人は、往々にして年功序列型で努力した結果として就いている可能性が高い。この場合は、組織を取り巻く世界全体を鳥瞰した上でトップとしての指示命令を出す機能が弱い可能性が高い。往々にして独断での指示命令となるのだが、その場合、指示を受けた側は、萎縮し、また発想の展開をする余地を失うことになって、モチベーションが著しく低下する。

　日本型リーダーに求められる資質は、
1　自らが統括する組織のみならず異なったソトの領域も含めて、環境全体を捉える能力を備えること
2　組織成員の一人一人の発想力を常に全開できる環境を組織内に作ること

に尽きると見て良い。そうしたリーダーが生まれるようにする構造を整えることが日本の場合、何よりも必要なことである。欧米型リーダーに比べてはるかに難しい面があるといえよう。

ボトムアップ社会におけるリーダーシップ教育

今述べたような、日本型リーダーの資質であるが、日本でこうしたリーダーのマネジメント教育を果たして大組織ではきちんと行っているであろうか。先の2点を踏まえたリーダーシップ教育が行われているようにはどうしても思えない。リーダーシップ教育も組織によりバラバラで、共通の認識は存在しているようには思われない。現在のところマネジメントの能力は、個々のリーダーの資質に委ねられているのが実態ではないだろうか。欧米型、そして日本型のマネジメントの違いを振り返り、きちんと認識するだけで、相当違ったリーダーが生まれてくる可能性があると思うのだが、違いの認識がないままであれば、個人の資質の問題に還元されていくだけで、展望はどこにも生まれない。

「トップダウン」についての誤解があり、指示命令を自分の発想でいくらでも出して良いのがリーダーだと思っている人も、日本ではかなり多いのではないだろうか。しかし、年功序列で年季が来てリーダーになった人が、常にリーダーに相応しいのだというのは、経験主義万能という錯覚としか思えない。そうした人が部下に対して自分の思惑で指示命令を出すケースが多いのだが、日本型組織の構造を全く理解していないことになる。一方で、担当の側は萎縮する可能性が高くなるのは当然であり、目的は達成されない、ボトムアップのエネルギーが弱くなるだけである。さらに、ノルマを指示すれば成果を上げられると考えるのは最悪である。ノルマは、自発性の可能性を最初から消しさってしまった発想だからである。

8）危機に際して機能しないボトムアップ組織

ボトムアップ組織の限界は、大きな社会変動が起きたときに、それに対応して臨機応変の意思決定と行動を進めることがほとんど不可能であるということにある。

これは、コロナへの対応で、さまざまな形で立証されてきた。構造的に、日本社会で危機に際してボトムアップは機能しないのである。特に、日本の政治・行政システムの不整合が大きく、対処できないばかりでなく、多大な混乱をもたらした。

ボトムアップ組織の構造は、細分されたボトムから企画案を挙げる形であるため、社会全般に通暁する課題にもともと対処できる構造ではない。緊急であるため、行動抑制がかけられる可能性が大きいが、一層課題への対処を不可能にするだけのことである。

危機に際して機能するボトムアップとするためには、日常的に全員企画型の活性ある状態を作っておくことしかない。

大組織の典型とも言える政治・行政の仕組みの中では、初めての案件に的確に対応することはまず不可能である。世の中で起きている課題は、その全体をどう捉えるかにかかっている。

憲法改定で緊急事態条項などを定めた場合、そういう事態が発生した時、実際には機能しないボトムアップ構造のもとで、側用人システムによって、日本社会そのものが破壊される可能性が高まるばかりである。

通常の行政においても、細分化されたセクションから上がってくる情報はうまく統合される保証がないのだ。それを元に内閣がどのように判断を下せると考えるのであろうか。

6 日本社会の大きな変化
～1回限りのはずの変化を2度まで経験……もう揺り戻しはない（ように）

　欧米を追いかけ一途に経済発展の道を進めてきた日本は、高度経済成長期の終焉とともに、大きな画期を迎えたと考えている。この経済発展を進める形自体が欧米型経済システムの導入であったことは言うまでもない。それでも多くの先人のたゆまぬ努力により、日本は他の途上国に先んじて成熟社会を迎えることになった。さまざまな点にこのことは表れている。これから先、高度経済成長を夢想しても始まらない、これは本来1回限りの過程である。

　経済的には日本社会全体としてみれば、非常に豊かになったのだ。その過程で何が変わっていったのかを確認する必要がある。この章では、変化の実態を私なりの視点でいくつかピックアップすることとしたい。

　そして次の第7章では、私たちが本来持っている資質との兼ね合いで、導入してきた仕組みや考え方に潜む不整合と考えられることについて記述してみたい。海外からの移入された仕組み・制度などでも移入された時点では問題なかったかもしれないが、経済変動を経た後では、日本社会の古くからの生き方との関係で不整合が表面化するようになった、ということも無きにしもあらずであると思う。

　明治以後の経済発展の中で、日本は道半ばにして的確な対応をすることができずに、振り出し近くまで戻ることになってしまった。同じことを繰り返してはならない。否、現在の国際情勢、周辺諸国の活性に鑑みるならば、かつてと同じような繰り返しはもはや不可能なのだ。そして、これからの時代の道筋について、私たちの果たす役割がいくらでもあると考えるところである。第8章では、日本社会はさまざまな可能性を秘めていることを示してみたい。

1）大量生産時代の終わり＝必要を最低限満たす社会となった

高度経済成長が終焉したのは、経済の成熟化によるものである

　今まで何度も述べてきたように、高度経済成長、そしてそれが終わりを告げた後も、中成長が続いた。いわば調整期である。しかしこれに的確な対応をしなかった結果として、30年に及ぶ経済の停滞がもたらされた。

　振り返って見ると、高度経済成長期はいわゆる革新自治体の成長拡大期であった。高度経済成長に伴い、地方においても自治体の財政収入は増え、自治体として独自の政策提案ができた時期である。

　しかし、高度経済成長の終焉とともに、財政資金の拡大がなくなり、自治体独自の地域政策に使える余地がなくなって、それとともに革新自治体は消滅していった。その最終期に首長となったのが長洲一二神奈川県知事であり、ポスト高度経済成長期の政策を展開していった。（自治研かながわ月報 No.157 2016.2　特集「シンポジウム・かながわの戦後70年と革新自治体」）

　自治体は、自ら財源を生み出すことができない存在であり、抑制基調の政策展開を進めざるを得なかった。赤字債権団体となったところはわずかであったが、この抑制過程で地域独自の政策転換を進めてきた革新自治体は、新たな政策を打ち出す余地がなくなった結果として名前に相応しい政策を打ち出すことができなくなっていって、いつしか革新自治体という言い方も忘れられるようになっていったのである。

　しかし国政では、この時期財政的な転換を図ることをしないまま、赤字財政を展開していって、結果的に巨大な赤字財政を生み出すに至った。財政赤字が急速に巨大化したのは1990年代以降のこと、成長していた時期は大きな赤字はなかったのである。政策転換ができなかった意味については、次章で述べたいが、現時点で国・政府はそのことの的確な分析が行われているとは言い難い。何よりも、この赤字は積極財政の結果ではありえない。時代の転換に直面したにも関わらず、既存のシステムをなんら変えることをしないまま現在に至ったツケなのである。この背景には、政治と行政の間の根深い溝があると私は考えている。

また、成長しない時代に入って、多くの組織では組織拡大期に作られた中間職の整理をいち早く進めなければならなかった。それができなかったところでは多くのムダを生み出す存在となっている。また、サービス業など、日本社会でごく普通に受け入れられてきた終身雇用を、必ずしも必要としない業態が増えてきている。新規学卒採用という形は今なお日本では当たり前のように受け止められて、形として年功序列型賃金が採用されるケースが多いが、こうした業態では対症療法的に課題の表面化を抑えてきた面があるのではないか。結果として、転職するたびに給与が、年功給的な扱いをされるため、振り出しに戻るという現象も起きることになりかねない。学卒採用システム、年功序列制度、定年制度という3点セットが、化石化して残されている感がある。

表れやすい日本の成長限界

　日本のように、政策的に経済成長を目指したところでは、他の要素がそれに伴って相応しいかたちで変わるということでもないので、比較的に早く成長限界に到達することが考えられる。また、果てしない成長志向はアメリカと違って、日本では定着していない。人々の生活でも、豊かさを際限なく求めるという意識が一般化しているようには見えない。モノを買ってもそれほど広くない住宅事情ではすぐ満ち足りてしまい、それ以上買っていくと、ゴミ屋敷になりかねないのです。すでに日本経済はそうした域に到達していると考えるべきです。

2）都市への移動

年次	市部	郡部
1920	18.0	82.0
1925	21.6	78.4
1930	24.0	76.0
1935	32.7	67.3
1940	37.7	62.3
1945	27.8	72.2
1950	37.3	62.7
1955	56.1	43.9
1960	63.3	36.7
1965	67.9	32.1
1970	72.1	27.9
1975	75.9	24.1
1980	76.2	23.8
1985	76.7	23.3
1990	77.4	22.6
1995	78.1	21.9
2000	78.7	21.3
2005	86.3	13.7
2010	90.7	9.3
2015	91.4	8.6
2020	91.8	8.2

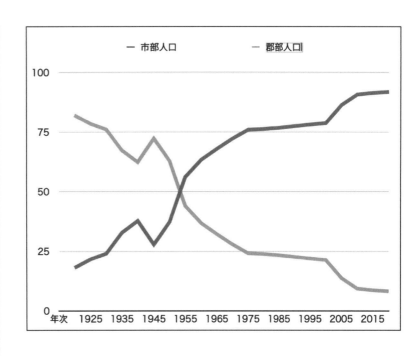

資料：総務省統計局「国勢調査」
この間、市町村合併が何度か行われてきたため、市部人口の数値が大きく上がっている年次がある。

　高度経済成長期に進んだ変化の最大のものは、それまで住んでいた農村地域から都市への人々の移動であった。若い人たちを中心として都市への移動が進み、さらには都市における定住化が進んだ。
　市部と郡部との区分は、市町村合併などがあって階段状の変化をしている部分があるかもしれないが、戦後は一貫して市部人口が増えている。
　結果として、都市部では核家族化が進んだと言えるであろう。単に都市への民族移動があったという

だけでなく、そこでは生活スタイルの基本的な変化が起きたということである。

　何よりも大きいのは、近隣関係の変化ということがある。隣は何をする人ぞ、ということで、同じ組織に勤務するための移動ということでなければ、隣の人の仕事がなんであるかもあまり知られることはないし、関心も強くない。その状態は時間が経過してもあまり変わることがない。

　地域的な人間関係はなかなか成り立たず、仕事の関係のつながりによる機能集団化が進むことになる。仕事の仲間とは別の地域の人間関係は、特に意識して取り組まない限り、いつまで経っても生まれることはない。それぞれが取り組んできた活動の形が、近隣関係で繋がる必然性はほとんどなく、家族、あるいは家族構成員一人ひとりがそれぞれ異なる機能集団に属して生活する形になっているのである。

　「都市の空気は自由にする」というドイツの格言があるようだが、現在日本で大きな問題となっているのは、都市の中での「孤独」ということである。人間関係を取り結ぶことが難しい日本語社会では、都市という地域社会の中では、親しい隣人との付き合いを作る場が用意されないまま高齢化し、勤め先から切り離されるだけであった。勤め先の人間関係が定年に伴ってなくなった後は、地域の人間関係を作り出して孤独を逃れることができた人もいるが、全く孤独な関係に陥ってしまった人もいる。

3）コミュニティの崩壊～都市社会では地域コミュニティは育ちにくい

　民族移動が始まる前の地域には、地域としてのコミュニティが存在していた。農業という共通の仕事を通した大人の人たちが関わるコミュニティが中心であったかもしれないが、そこにおいてはさまざまな年齢の子どもたちが日頃から遊び、喧嘩をし、ともに学び合うことを当たり前のこととして、共同社会を形成してきた。このコミュニティは、若い人たちを中心として都市へ移動したことにより、もぬけの殻となっていき、同時に都市の中には同じ場が作られることはなかった。人々は、コミュニティの存在についての自覚もなかったから、都市へ移ったのち、盆暮の時期などには、もと住んでいた地域に戻ってそこでの人間関係の確認をすることになったが、だんだんとそうした場も少なくなり、ついにもといた地域コミュニティは自然消滅・形骸化していった。かといって、都市では機能集団化して行くばかりで、都市内地域コミュニティは、結局育たなかったのである。そうした発想がなかったのだから、人々が納得できる形で都市コミュニティが育つ可能性は元々なかったのである。

　この事態が、子どもたちのコミュニケーション環境の形成を妨げる結果となり、最も大事な時期に生活の中で重要な意味合いを持つ日本語の習得の場が失われたままとなり、不登校、引きこもりにつながっていくことになったと私は考えている。日本語の習得は、どんな環境であっても自然にできると思っている向きがあるようだが、言葉の特性から考えると、一面的な習得しかできないままになるほど変わった面があるのである。まして、現在の学校という場は、同年代教育を中心としており、そこでは競争促進型となるばかりで、多年代の中で培われる意識は根付かないままとなる可能性が高い。

4）IT 社会の到来

　私がコンピュータの勉強を始めたのは 1969 年からであり、すでにそれから 50 年余りを経過している。就職先として公務員を選んだのは、当時マスコミで批判の的となっていた役所に自ら入ってその批判がほんとうに当たっているのか、そうであるならば、外で批判をするのではなく、中に入って自ら行動を通して改善を図るのが自分には相応しい、そのように思った時に、なぜか気持ちがスッキリしたからである。

当惑を孕める報告（稟議制度の一考察）の序からの引用

　就職して 1 年を経過したところで、ゼミ誌に投稿した文章がある。少し長いが引用させていただく。1968 年 11 月の小冊子に掲載させていただいた。『当惑を孕める報告（稟議制度の一考察）』の「序」とした部分の冒頭である。

「二年余り前、一九六六年九月号雑誌「みすず」に、チェコスロヴァキアと題しチェコの自由化傾向を取りあげた記事が載っており、そこに次のような一節が記されていた。『チェコスロヴァキアの《雪どけ》の特徴は、ポーランドやハンガリーの経験を利用して、この両国が陥ったような袋小路を回避することができたことから生まれている。チェコの人たちは最初から自由化の限界を自覚して、党全体やマルクス＝レーニン主義そのものを相手取ることなく、党なり教理なりのある局面だけを取りあげて攻撃したのだ。反対派は党に正面攻撃をかけることなく、党内に支持を求めて、党内のあるグループに圧力を加えることに成功した。そんな事情も手伝って、自由化を推進してきた共産主義知識人の過半数が、いまもまだ党員なのだ。彼らは進退自在で、党指導部の叱責を公然と承認しながらそれを無視したりした。こうして一枚岩の構造を持った政治組織の中に入りこんで、政治的変革のための出発点を獲得するという、東ヨーロッパ共産圏の新現象が生まれたのだ。しかし、改革派のこの巧妙な戦術にもかかわらず、チェコスロヴァキアの権力構造は、ほとんど無傷なままだ……。」

　当時、加藤先生より共産圏の情勢についていろいろとお教えいただき、経済的沈滞傾向に由来して、東欧からの自由化が既にすすみつつあることを学んではいたけれど、引用した文章の末尾にも述べられているように、そこではまだ、おもてだって政治の新しい動きが展開することもあまりなかったと記憶する。そのころ、ようやっと官庁へ就職することが決まりかけていた自分としては、ただ、右の引用の最後の方にある「組織の中に入りこんで……」ということばに強く印象づけられ、我とのよすがを求めたつもりでいたのである。自分もまた、組織の外でいろいろと行動する姿勢よりも、組織そのものの中で行動することを大切だと感じていたのである。

　このチェコにおいて、今年になってから、無傷であった権力構造そのものを揺り動かす政治的変動がはっきりとあらわれ、次第に高まっていったのを知ったとき、この国民の中に潜むたくましい行動力に対して、自分は驚きを通り越して恐怖の念をすら感じたのである。自由化派は、少くとも二年前と同じ姿勢に立って着実に自己の基盤を拡大してきたに違いなく、その持続的行動力はおそるべきものと思ったのである。

　こうしてペンをとっている八月三十一日現在において、その自由化の動きも、ソ連・東欧軍の侵略・占領を受けて、決定的な挫折と後退を余儀なくされている状況にあるらしい。ソ連の力の政策をまのあたりにみて、これに激しい嫌悪の気持ちを抱くとともに、チェコにとっては不幸な現実であると思わないわけにはゆかない。あるいはしかし、こうした結果を招いたのは、「組織の中に入りこんで」という考え方そのものに由来するものであったかも知れない。共産圏諸国に対する外交政策において、それほど拙劣であったとは考えられないながら、国内保守派を追い落し、その組織そのものを奪い取ってゆこうとする姿勢そのものから、国内的視野が先に立ち、政権に就いたとき、その姿勢をのりこえることができないほどになっていて、外交政策に盲点が生じたらしいことは、既に指導者自身によって言明されている通りである。我が国においても、野党が政権に就いたと仮定した場合（あくまでもこれは仮定である。連立政権のわずかばかりの可能性を除くならば、野党第一党の社会党が、現在政権に就く予測などできるものではない。トップにおける主導権争いのことや、また党自身が自己批判しているように、日常活動が徹底していないという理由から、そう判断するのではなくて、社会党の、またその母体たる組合の「日常活動」の方法を現在見ていてそうした確信を抱くのである。）、当然、この外交面の盲点が生じてくるであろうことは予想されるところである。現在の野党は、外交政策と名づけるに値するものを持ってさえいない。民社党においても、外交政策は理論派のおまじないの段階をこえていない。……つまり、国民の中に浸透して理解を得るまでに至っていない。

　チェコの現在は、ソ連の、有無を言わさない圧力に押えつけられて動きがとれず、また非常に流動的な要素が多い現情勢下では、今後の動向を見定めることがとても出来ないが、現指導者だけは護持して今の危機を耐え、再び、今度は対外的組織をも、充分顧慮したうえで、「政治組織の中で」かかげられた目標実現の行動をとってほしいものだと考える。無論、チェコとソ連とでは（今回はっきりとわかったように）、体質的相違があり、チェコに出来ることには限界があるかも知れないのであるが……。

　【組織の中に入りこんで】という命題に焦点を合わせて、チェコの問題について述べてきた。さて、次元は恐らく全く異なり、状況設定もがらりと変わるが、この命題に深い共鳴を覚え、我とのよすがを感じた自分の側にとって、【組織の中に入りこんで】ということは、現実に一体何を意味していたといえるのか。このことについて少しく考察したいと考える。

　生活の資を得るためには、その労働の場は民間であろうと、公的団体であろうと、また自営的なものであろうと、誠実に営まれるなら、それは何ら問題となるような差異を持たない。それが特定の領野にこだわったというのは自

分の意識の中で、そのことを選ばせる何らかの要因が作用していたに違いない。

　マスコミの政治批判、官僚批判が盛んな中で、それではひとつ批判される立場を選んでみようではないか、という意識があったかも知れない。事柄が真に改善されるのは、批判そのものによってではなくて、事柄そのものが（批判の結果によるかどうかは別として）改善されることによってである。されば、外部にあって批判者となるよりも、内部にあって事柄の改善をはかる方が、より正しい姿勢であるだろう。改善しようとする意思が、明確に行為化されないならば、批判は有閑人の饒舌である。また、みずからが批判される危険の全くない安全な場において批判するならば、批判そのものの堕落である。

　かって慶応の学費闘争があったとき、この運動に参加しながら、これについて自分なりの思惟をめぐらしたノートが残っている。今、これを読み直してみると、どのように争うのが効果的かということについては、かなり納得的に書かれてはいても、闘争そのものをどこまで持ってゆき、どこに解決を求めようとしているのかという点まで、自問していった個所は、発せられた問いをもって途絶しているのがわかる。事柄の批判者となり、反対の行動まで行なったものの、状況を改善する当事者となる意識は全く欠落していたわけである。それは、学生という立場にあったから不可能だったというような類のものではなくて、事柄を透視し、状況の改善そのものに当たるという姿勢をもたない批判者に終始したからにほかならない。苦い追憶である。

　だから、たしかにこの職業に入りこむようになったときには、事前にありとあらゆる挫折の到来を予期して、そうしたのである。傍観して現在の社会体制に不満をかこつよりは、内部に入りこんで、いくばくなりとも状況の改善をめざすということが自分の性に合った姿勢であるように思った。政治につけたい注文もある。役人につけたい注文も山ほどある……。　事柄に対峙して不可能性に直面し自己の願望を捨ててゆくならば、それはそれでよいではないか。状況の改善の可能性の程度は、これに直面したときに発揮される、個人の能力に依存する問題でしかない。

　しかしながら、現実にこの場に入りこんで、半年たち、一年たち、一年半たち……　異様なばかりの苦痛が自分のことばを封じ、行動をさえぎる。それは、まるで自分の中で育ちつつあった様々の観念を、強力な異質の酸が、じわじわと溶かし同化させてゆくたくらみであるかのようにも思われる。いままではっきりとしていた概念があいまいな、多義的なものとなり、漠然と抱かれていた想いは、混沌の淵に流れこみ ━━━ 事柄への違和感の存在ははっきりしておりながら、かくて行為のための指針は見失われ、いよいよ不分明な中へとおちこんでゆく。

　ただ観念として構築されていたにすぎないものは、みかけははっきりとして美しく見えようとも、状況に耐える強さを欠くため、状況の重みによって基盤を崩されてゆく。 ━━━ 自分の企図は、行動の段階にいたると、すぐさま挫折してしまうような、ただ観念された消極的なものでしかなかったのかも知れない。（チェコにあらわれた現実の自由化の動きに恐怖の念をすら感じたのは、こうした自己の側での不可能性とはっきりと対比されたからであろう。）」（「加藤先生」は、ゼミの指導教授、加藤寛先生）

　同時に、当時、いくつかの雑誌の中で『MIS』という言葉が踊るようになっていた。経営情報システム（Management Information System）である。役所の構造を合理的なものに変えるには、こうしたものの可能性を見ていかなければならないと思って、役所に入って１年余りを経過した時点で、この分野に取り組むことを目指した次第である。

　当時、ある分野では相当の長期展望の中でこの分野の研究をしているところもあったと記憶しているが、転勤してみると、役所の仕事は、まだ単体の大量業務処理ばかりであった。

　その後、90年代に入ってコンピュータの世界は大きく変貌を遂げて、今なお変化の只中にある。

　一塊の事務屋として仕事を始めながら、コンピュータの領域を学ぼうとしたことにより、役所の中では単なる技術屋の一人として扱われることになった。

　コンピュータ部門で役所の生活の半分以上を費やすことになって、退職する頃にはっきりと認識するようになったのは、「システム」というものへの考え方である。先に述べてきたように役所はボトムアップの世界であるが、システムの領域は、典型的なトップダウンの世界であるということである。つまり、ボトムアップでできるのはボトムとして関わる領域のシステムしかないのであって、システムの領域は典型的なトップダウンの世界だということである。GAFA等の経営者を見てみればはっきりわかる話である。つまり、システムは全体から入って部分に展開していくのであって、部分から全体のシステムに到達することは、まずあり得ないということである。システムは、もし言い出しっぺがトップであるな

らば、その人の思想で貫かれていくことになる。もし個人の誰かが構想したのであれば、その人が全体を仕切る立場でシステムを作るようでないと、いい加減なものしかできない、金の無駄遣いシステムになってしまうということである。典型的なボトムアップで進められている役所では、こうしたシステム開発のあり方を考える人すらいない。

このように考えると、日本でIT、AIの領域で先端を走ることを目指すなら、そういうものであるという認識を持たなければ、使えるシステムを先頭を切って作ることなどできるはずがないのである。

ボトムアップ組織の日本で、トップの立場でたとえ閃いたとしても、自らその閃きを最後まで関わって実現する覚悟がなく、あとはボトムアップで他人に任せて出来上がりを待つというようなことであれば、まず失敗は予定されているようなものだ。

日本社会の特質ということも相まって、コンピュータの分野に関する取り組みのスタンスは、遅れをきたしているし、今後もこのままいく可能性が高いと見なければならない。ましてコンピュータの世界は、単に1つの産業分野と見て、その発展の支援しようとしているレベルでは、先端に追いつくことはまず考えられない。

5）カタカナ語の氾濫、言葉の乱れの主張

日本語の漢字かな混じり語への訳を行わず、カタカナ語で記述する傾向が強まっている。これから海外の諸現象（社会現象）に関する概念を日本に取り込むのであれば、専門家としてその概念にふさわしい日本語の訳語を示し、理解可能な人の範囲を広げる努力をすべきである。そうでなければ研究者の自己満足の域を出ないことになる。的確な訳語を示し、普及させるのは最もその内容を熟知した人が行うべき事柄であるのは当然である。専門家の領域の話に止まるのであれば、それは問題ではないが……。

例：コモンズ、サブスクリプション、ブルシット・ジョブ、ガバナンス、レジリエンス等々……

日本語の言葉の乱れ

また、日本語の言葉の乱れを言う人が多いですが、日本語を使っている限り、そうした乱れは本質的なものではないと思っています。いかに乱れた状態のように見えても、五十音の世界に留まっているなら、それは困ったことであるかもしれませんが、日本語の否定ではありません。敬語という領域は、エスカレートしやすい構造もあり、それが乱暴な表現に移行したりということは、ままあることであると思います。自分たちの世界でしか通用しない隠語のようなものもあり、また略語がマスコミなどを通じて流布することも多いのは確かです。

また、日本語を排して他国語を基本言語にしようという動きもありましたし、今でもその考えが払拭されているとは言い切れない状況があるかと思います。これは、ビジネスの領域での対応で遅れをとることがあり、いっそ英語等の言語を公用語にしてしまった方がいいのではないかというところからくるもので、明治維新以降、何度もそういう主張をする人が出てきました。母国語を日本語としながら、第二外国語、第三外国語に熟達する分には全く問題ありませんが、日本語を排して外国語を母国語にするということは、日本人がいなくなることを意味すると考えてもらいたいと思います。日本語人の持っている、世界に例のないような特質が全て消え去ることになります。

国語としての日本語を変えようという動きが何度もう生まれ、今なおくすぶっているのは、自己主張型社会に対抗していくための方策として、自らも自己主張型に代えて臨もうとしたものではないかと考えるところである。

6）高度経済終焉後における組織の化石化

高度経済成長期には比較的すんなりと年功序列・終身雇用システムと結びついて組織は順調に拡大し、

定着していった。しかし成長しない時代に入って、組織拡大期に作られた中間職は、多くのムダを生み出す存在となっていることが想像できる。成長しない社会では大組織は、むしろ大きな課題を抱え込むことになる面がある。中間職人件費の圧迫である。組織拡大期に正社員として採用してしまい、年数を重ねて中間管理職として調整型の仕事をするようになった状況は組織にとっては最悪である。中間職を生産性を挙げる形で相当の工夫をしなければならなくなったのである。しかしなかなか手をつけられない状況でもあるため、採用の時から人件費抑制の工夫をすることが不可欠となってきた。このため人件費削減の方策として契約社員制度が導入され有期雇用契約の社員増えることになった。

　また、サービス業などで終身雇用を必須としない業態が増えてきているが、形として年功序列型賃金が採用されている結果、転職するたびに不都合な給与システムに振り回されることになった。

　（最近は契約社員の割合が増えてくるのに伴って、なぜか「同一労働同一賃金」ということが言われる場面が増えてきているが、年功序列が一般的あった状況ではあまり問題にもならなかったけれども、雇用形態の変化によって、比較の局面が変わってきたことによるのではないだろうか。）こうした状況では成長などということは視野の外にあると言わなくてはならない。組織が化石化しているのである。

　学卒採用システム、年功序列システム、定年制度という３点セットで進められてきた日本経済の仕組みは、経済成長の変化があったにもかかわらず、形としては残ったままになっていて、全体のあるべき姿はどこにも見えない。そして、派遣社員制度の導入や、定年制度の延長といった部分手直しばかりが進んでおり、抜本改革の認識もないため、経済の仕組みは徐々に歪みを大きくしていっている。

　ところで、現在、年功序列・終身雇用がかなり厳格に守られている業態をみなさんはご存知でしょうか。それは「役所」です。自らがこの年功序列・終身雇用の世界で活動しているために、社会全般で、年功序列・終身雇用の変貌を踏まえた改革の主導をすることに、なかなか頭が回らないというのが現状のように思います。それでも定数増が厳しいことは変わりがないため、非常勤職員が増やしてカバーする形で、この領域でも非常勤は増えている。

７）新自由主義経済の浸透　経済発展の特質からくる課題

　新自由主義経済は、資本主義経済が大きな転換点に到達した結果、その後の進むべき方向として選ばれてきた方向である。日本は、政府の構造自体が経済発展のために作られたと言って良いように思っている。追いつき、追い越せのスローガンは、政府自体がそうしたスローガンを構造として組み込んでいると私は考えている。アメリカやイギリスが転換点でこの経済方式を選んだのであるが、日本はそれを先例として進むことに政府には躊躇がなかったのは、日本政府自体が生産拡大を主導する構造として作られていたため、違和感を抱く向きがなかったのであろう。しかし、成長しない社会で新自由主義経済をさらに続けようとすれば、ゼロサムゲームになり、一部の富者はさらに潤うかもしれないが、貧者はさらに貧しくなっていく結果はあきらかである。

　しかも、新たな投資先を見つけることが困難となったため、今までの成長の成果が特定のところ（企業の内部留保）にとどまるケースが見えてきて、日本における資産（国富）は、株主資本主義を表看板にして資本参入した海外資本に、どんどん吸い取られていく形が増えてきている。

８）成熟社会にあっては需要と供給のバランスを取る

参照「需要力の拡大が日本経済再生の唯一の方向」

https://bit.ly/4fCTU3B

需要と供給の関係を再確認しよう

　日本経済の転換点は、高度経済成長が終わった時にあると見るべきである。変わった意味合いは、需要と供給の状況が逆転したということである。つまり、供給力が大きくなって需要を超えたということ

である。これは企業レベル（ミクロ経済）ではなく、国民経済全体（マクロ経済）での話である。

　ただ、作っても一定量以上は売れない経済になったことで、高度経済成長が終焉し、経済成長率が落ちたのである。つまり誰もあまり本格的に取り上げないが、資本主義経済の構造が大きく変わってきているのである。日本はこの経済転換期に対応できなかったままであるし、またそのことの自覚もなかった。その結果が現在の姿である。

　需要力と供給力が逆転し、供給力がマクロ的に需要力を超えた状態を、私は「成熟社会」と呼んでいる。そうなった時点からあとは、需要と供給のバランスを取ることによって、需要と供給の安定的循環構造をいかに作り出すかに焦点を置くことが不可欠となるのです。現在はマクロ経済において、供給力が需要を遥かに上回る状態になっているのです。

　こうした状態になると、供給力を幾ら拡大させても、需要が不足すれば経済は循環が滞ることになります。このようになった後の経済運営にあたっては政府の役割はむしろ著しく大きくなっていくと考えます。日本では何よりも供給力拡大に向けた支援の仕組みを大きく転換し、需要力を拡大し、いかにマクロ経済の需要・供給のバランスを取るかが政府の仕事になったと言って良いと思います。

　現在はマクロ経済において、供給力が需要を遥かに上回る状態になっているのです。こうした状態になると、供給力を幾ら拡大させても、需要が不足すれば経済は経済循環が滞り、経済は滞るのは当たり前なのです。

　しかし日本では、供給力が需要を超えて大きくなったときに、需要を削ってさらに供給力を高めようとしてきたのは見ての通りです。成熟社会においては、需要力を削って成長があるわけがないのに、経済団体の政府に対する圧力は、人件費を削る、消費税を上げるといった具合で、自分たちの当面の利益を確保するために、需要力の拡大とは真逆の行動を政府に押し付けてきたのです。

　資本主義経済を奈落に落とそうとしているのは、経団連をはじめとした経済団体自身であると見なければなりません。こうした行動が、結果的に自分達に首を絞める結果になったことに気づかなければ、日本経済の成長など見込めるはずもないのは目に見えるようです。自分達の内部留保は確かに膨らんだが、需要が見込めない社会で投資先は見つからず、経済は停滞していくだけで、この状態のまま行けば、落ち目の経済は好転することは決してありません。そして自分達のために溜め込んだはずの内部留保は、利益を抱え込んだ企業への出資を通して、短期利益を追求する海外のハゲタカ資本が吸いとっていくことになるだけでしょう。

　また、マクロ経済のバランスに際し、様々な業態の浮き沈みはあるがその転換を可能にするためには、人々の職業移動をいかに円滑に進められるかが鍵です。タテ社会である日本では、特にこの人的移動が難しいという点を認識した上で、これからの人材育成の仕組みの構築が最も大事なテーマとなっていると考えます。新自由主義と称して、民間の人材育成に頼って人材育成をするときではありません。

新しい経済の方向

　資本主義社会というのは、常に拡大再生産をしなければ、どこかで他の競争企業に追い落とされるという強迫観念に支配されています。しかし、供給力ばかり高めても、成熟社会の現在にあっては、モノを作っても今まで以上には売れない社会になっていきます。デフレですね。高度経済成長期は需要が旺盛で、作れば売れる時代だったのですが、もうとっくの昔に日本ではそういう時代は終わって、調整期を経て、90年代からの30年は成長しない時代に入ったのです。そこで起きている現象は、伸びない経済の中で誰が富を手にするかというゼロサムゲームになっているのです。現在は成長させてその成果を分配という、発想自体が非現実的スローガンに過ぎず、もはや経済成長を目的に政策を考える時代は終わったのです。

　このゼロサムゲームの時代にあって、持てるものと、持たざる者という2極分解が進んで、生きることもままならないという人が多くなっていくというのはほんとうにおかしいのですが、新自由主義経済で民間の競争に委ねている限りは、2極分解は進行するだけになるのは当たり前です。

少なくとも誰もが成熟した経済の恩恵を受けて、生活を楽しめるような方向に基本政策を転換すべきなのです。つまり、人々の需要力を高める政策への転換ということです。そうすれば供給力を増やしても売れる可能性が高まり、成長も結果として見込める可能性もあります。

　現在、先進国で経済成長しているところは、だいたいそうした政策に転換しているところであろうと私は考えます。（アメリカは２極分解がどんどん進んで、成長の成果は一方的に株主・経営者サイドに積もるだけになっていますね。トランプさんは企業人で、もともと企業レベルの発想で生きてきた人ですから、ここにはマクロの発想はないように見えます。そうしたことで、政治の仕組みも大混乱を来たすことになってしまっているわけです。自己主張社会、アメリカには、一国ベースで需要と供給のバランスを取るという発想がもともとない。あるのは、他国に自らのイデオロギーを押し付けて、その過程で自国の利益を確保する仕組みを組み込むことでしかない。）

　こうした転換の方向について、私は「社会的連帯経済」を考えています。ILO や国連でもこうした方向の考え方が大きくなってきているのに、日本の政府は、明治のスタートの時からずっと企業中心の経済発展が唯一の方向と考えて、その延長で新自由主義経済政策を採用していて、政策転換が出来ないままです。大体新たな転換の方向があるという認識すら持っていないように見えます。社会的連帯経済に深く関連した SDGs ですら、日本では新しいビジネスチャンスとしてしかとらえていない向きがあり、このため、SDGs はアヘンであるなどと揶揄される状況になっている始末です。明治以来のこの成長政策、新自由主義政策を進めている限り日本に未来はなく、衰退は避けることができないと考えています。

関西生コンへの諸機関の対応の誤り

　こうした中で、これからの中小企業は、大企業の下請けに甘んずる発想ではなく、お互いに連携を強めることで、大企業と対等にわたり合うことを考える必要がある。

　そうした意味で、しばらく前に進められていた関西生コンの活動は極めてユニークなものであった。一方でセメント業界、他方で建設業界という大手と対峙しながら、中小企業の業態を維持しつつ両側の業界とわたり合う行動をとってきた。これは、需要力の拡大という点でも時代の先をいくものであった。国際的にも、社会的連帯経済の事例として注目されたのである。中小企業も連携することによって、一定の需要力を高める一環として機能する事例として期待されたのである。

　残念ながら、新時代の先駆けは、大阪維新という新自由主義政権に潰されてしまったと私は考えている。

7　渡来の仕組みと日本の仕組みとの不整合

日本人は、なぜ現在の大転換に対応できないままなのか

　明治以降、資本主義経済のもと、進んだ海外の知恵を吸収し、大きく発展を遂げてきた。そして第2次世界大戦での敗北と壊滅的打撃を受けた中でも再生を果たし、成熟した経済社会に到達した。

　経済的には大きな転換点に到達したと言える。つまり、人々の需要を満たすだけの供給力の拡大を達成し、生産力拡大路線から、需要と供給の適切なバランスをとらなければ経済の安定が望めないところに到達したのである。

　バランスをとった上で、経済の安定的発展を遂げるためには、生産力拡大を目指してきた政府の機能を、需要力拡大に転換させていくことが不可欠になっているのである。

　しかし、日本ではこのことの自覚がないまま、相変わらず生産力拡大路線の道を進めている。新自由主義経済運営と言われるものである。

　受信得意なのであるから、適切な先行モデルを見つけて方向転換すべきなのであるが、相変わらず供給力拡大を目指したままである。しかし考えてみれば、学ぶべき先行モデルがない経済社会に入ったのだ。私はこれを「未踏の時代」と言っているが、これから先は、それぞれの社会の特質を踏まえて、最もふさわしい道を切り開いていくしかないのだと考える。19世紀、あるいは20世紀のイデオロギーは、資本主義が発展期、最盛期の時に作られたもので、現在のようなすでに成熟した社会にはふさわしいとは言えない、と考えたことがあるであろうか。

　現在は、資本主義の発展過程で既得権を得た人たちが、経済、そしてそれをコントロールする政治を支配する権力を握っているため、そこからの転換の認識が生まれないのであろうか。なんのための豊かさなのか。

　日本では、人々はタテ社会という環境の中で、それぞれ、必死に生きているのであるが、自らが生きた時代に習得したイデオロギーを、時代環境の変化に対応して革新して行くことは、全く不得意であるように思われる。もともと生活する中で習得し、身についた考え方というのは、一朝一夕にリフレッシュすることはなかなか難しい。

　さらに言えば、経済発展期に資本主義経済に関わって習得した、19世紀あるいは20世紀的なイデオロギーをそのままに、現在の未踏の時代の経済社会を見ているため、新たな展望を持つことができないままでいるように思われてならない。現在の成熟社会の中から新しいイデオロギーが生まれてきても、自分がそれまでに獲得したイデオロギーを転換することはなかなか難しい。

　高度経済成長が終わってすでに約50年近く経過しているが、現在の日本は新たな方向を見出せないまま現在に至っている。どう対処していけばいいか……そのためには自らの姿をどのようなものとして捉えるか、まずここから始めなくてはならない。

　現在、日本では日々さまざまな課題が生起し、そうした中で仕組みの改変、システムの再構築が求められている。過去からの脱皮はなかなか実現することが難しい。ここでは思いつく範囲でいくつかの事例を挙げるが、私には乏しい経験しかないので、まだ他にもさまざまなものがあるだろうと思っている。

　海外から取り入れられた様々な仕組み制度などが、日本社会にどのような影響をもたらしているか、日本語に由来する日本人の持つ特質との兼ね合いで生まれている不整合が、いくつもあるのではないかというのが私の関心事です。

経済環境の変化に伴う不整合

　第6章でみてきたような、経済環境の変化ということで大きいのは、戦後においても高度経済成長が

あり、大きな社会環境の変化を生み出しましたが、高度経済成長自体は1970年代に終わったのです。その後は中成長の時期が続いて1990年代に入って停滞経済になったのです。

　高度経済成長がなぜ終わったかというロジックがあるのですけれども、私は、マクロ経済レベルでは基本的需要が満たされて、欲しいと思っているものが大体手に入るような時代になった、というのが、高度成長が終わった契機になると考えています。

　要するに、生活に必要なものが欲しいという点については、大量生産をして大体充足されるようになって、経済は一段落した。欲しいと思うものが大体行き渡った、という状態になったのです。大量生産で様々な局面で満たされ、すでに大量生産という概念は脇に置くようにしても良いのではないでしょうか。

　その後も、ものが不足しているではないではないかとおっしゃる方がいらっしゃるかもしれない。これは、その後の政策的な誤りがあって、結果的に変化を認識できなくて今に至ってきているというのが私の認識なのです。

供給過剰社会＝ゴミ屋敷、断捨離、捨てる技術

　経済学で考えると、まあ経済政策とまでいかないかもしれないけれど、マクロ経済、国民経済全体で考えると作ったものと欲しいものとの関係があるのです、供給と需要のバランスということです。

　高度経済成長期までは供給力は、まだ小さかったのです。一方需要、欲しい人はいっぱいいたのです。だから、作れば売れる時代があった。その時代が高度経済成長、それに日本の経済は上手く適応したのです。だけれど、高度経済成長期を経過する中で、供給が需要をオーバーした状態になる。一時的な過剰ではなく、生産力は恒常的に過剰となる状況になったということです。

　需要が低下する要因というのはいろいろあるので、分析した方がいいと思うのですが、マクロ経済、国民経済全体としてなぜ需要が低下するか、これが見られる卑近な例で言うと、ゴミ屋敷なのです。物が満ちたりてしまって、新たにモノを買えない状態になるということ。例えば、私の家は建設当時から比べると、同居家族が半分になったのです。そうしたら余った部屋は物置になるわけです。それだけ物は余分にある社会になってしまった。よくゴミ屋敷の報道がテレビで出て、こんな汚い住宅があると話題になりますね。このような状態は、ごく一般的な家庭でも、ゴミ屋敷化する状況はあるのです。だから、それ以上には、日本の社会ではモノはいらないのです。

　断捨離という概念がここで出てきました。断捨離で余計なものの整理をしてスッキリすると言えば納得できるのですが、断捨離をすることで新たに物を買っても良い環境が生まれるということで、これは今までの拡大再生産の発想の枠内でしかないことが感じられます。人によっては、ほんとうに身軽になってそのまま簡素な生活を送る人もいると思いますが、この概念は、資本主義経済の拡大再生産の行き詰まりから出てきたと考えると、拡大再生産を持続するための手法の1つと見ることの方が当たっていると思います。「捨てる技術」ということも同じところから出てきています。

生産力を高めるというのは資本主義経済の基本だが

　生産力を高めるというのは資本主義経済の基本ですから、成熟社会になった時点では、このアンバランスをどう解決するかというときに、何よりも需要を高めることを考えるべきなのに、需要をさらに落として供給力を高める方向、あるいは現状維持をしようとしてきたのが日本です。

　例えば、人件費の抑制策を導入しました。常勤職員についてはなかなか難しいので、派遣労働力を増やすようにして、労働力のコストを落とし、人件費を下げるわけです。これは労働者側の需要力を削いでいるわけですから、これは消費力抑制、ますます物が売れなくなる社会を作っているということです。

　だから、需要を高めるように政策を変えればいいだけなのに、あいかわらず政府は大量生産するため

の資金を出し続けていく。モノは増えても買い手を政策的に削いでいる。供給力がオーバーした段階では、買う人の方に金がどんどん行くようにすればいいのです。例えば、介護をする人とか、子育ての関係の人とか、そういう人たちの給料は勤労者一般の平均より、年間で言うと100万円ぐらい低くて、思った通りの消費がままならないばかりか、そちらでの就職をしようという人が圧倒的に不足する状況になっています。そういう人の所得を高めていけば、そちらを目指す人の増えると同時に、モノも売れるようになるのです。経済循環というのは、需要と供給のバランスがとれて円滑に回るのです。

　高度経済成長は終わった時にこうしたことを念頭においた、基本的な政策転換が求められていたと私は考えます。作る側にばかり金を回すことから、使う側に金が行くようにするという、基本的な政策転換をすべき時だったと思うのです。

　1990年代の終わりに橋本行革がありました。橋本龍太郎さんですね、行革の高まりがありました。そこで通産省をつぶすかと思ったら、経産省として生き残ってしまって、今だって大きな勢力を持っているわけです。極端に言えば、産業支援の省庁は廃止し、市民サイドに資金を回す組織に転換することが必要だったのです。

　本来、こちらの方、市民サイドに金が回るような仕組みに変えることによって、経済がうまく回るようになったと思います。

　この政策ミスというのは、私は日本社会の致命的な誤りだと思っているのですけれど、そしてこれが転換できれば今からでも可能性はあるのですけれど、そのためには国民が自覚して変えないといけない。

　経団連などの経済団体は、ほんとうは率先して変えなくてはいけないのです。しかし、経団連は、売れないものを作る方に金をよこせ、ということで政府をたきつけているわけです。自分の懐に入るだけの視点（要するにミクロの視点）で金をよこせ、と言っているみたいな感じですね。

　そういう現象はとんでもないのであって、経団連は自分たちの首を絞めているというのが私の認識です。

既得権に甘んじる体質

　今まで述べてきましたように、日本では海外からのモノや考え方を入れるのに一生懸命で、日本の伝統的な制度とかそういうものはどういうふうに、あるいは自分たちの性格とどのようにかかわっているかということも、考えないないまま制度導入がされてきている面がある。まさに清濁合わせ呑むという状況そのものでもあります。

　さらにそうした制度のもとで事態が進行し、高度経済成長が一段落してみると、既得権を持った人と持たない人、というのが生まれてきてしまうわけです。ですから高度経済成長期に豊かな富を築いて既得権を持った人は、今の状態がいいから、もう変えるつもりがないわけです。だけれど、それを変えなくちゃいけないと言う側でも、自らの姿の分析を欠いたままなので、発信力が弱くて抵抗しているだけなのです。

リーダーの不在

　あれは反対、これに反対ということを言っているだけで、では何を変えなくてはいけないか、具体的にどういうことを変えなくてはいけないかということに関して、あまり基本的な主張をしている人は少ないような感じがするのです。全体状況の課題認識が不足しているのです。

　それから、これだけ形が定まってきていると、誰がリーダーシップを取るかということ、世の中を変えていくために、誰が今の状況を見たときに、誰が主導権を取れるだろうか。

　変えるためのパワーを持っているか、あるいはパワーを発揮できるような人がどこにいるかというと、明治維新の時のような状況はないような感じがします。これは非常に問題かなと思うところです。

　本来、民主主義社会であれば、こうした状況を解決していく人たちが政治的リーダーということにな

るはずなのですが……問題状況の正確な認識を欠いている中では、転換を促進するリーダーもなかなか出てこないということでしょうか。

1）自由度を高めれば、経済は成長するという発想に基づく新自由主義の誤り

高度経済成長期の考え方からの脱却……（新自由主義を排する）

　新自由主義経済をさらに続けようとすれば、一部の富者はさらに潤うかもしれないが、貧者はさらに貧しくなり、需要不足を拡大させるだけになります。また、偏在する中で積み上がった資産は海外にどんどん吸い取られていく形になるのは避けられない。
　資本主義経済を守る形を模索する方々の中でも、「ステイクホルダー資本主義」や「公益資本主義」と言った概念が出てきている。これらは拡大再生産一辺倒の考え方ではない。

「もうひとつの資本主義へ～宇沢弘文という問い」

2023年　世界6月号　第2特集に関して

　久しぶりに岩波の「世界」を、気を入れて読んでいます。世界6月号の第2特集として、「もう1つの資本主義へ～宇沢弘文という問い」というのがありました。社会的共通資本についての展開がなされています。

特集2　もうひとつの資本主義へ～宇沢弘文という問い
カール・ポランニーと宇沢弘文
　　　佐々木実（ジャーナリスト）× 若森みどり（大阪公立大学）× 間宮陽介（京都大学名誉教授）
無印良品が宇沢弘文「社会的共通資本」から考えること　　金井政明（良品計画会長）
新しい資本主義、新しい社会主義　　　　　　　　　　　　松島 斉（東京大学）
リスキリング・ブームに欠けているもの　　　　　　　　　筒井美紀（法政大学）
内橋克人が描いた「もうひとつの日本」　　　　　　　　　加藤正文（神戸新聞）
公益資本主義とは何か
　　　上村達男（早稲田大学名誉教授）× 原 丈人（アライアンス・フォーラム財団代表理事）

公益資本主義とは何か

　この中で、最も強い関心を持ったのは、原丈人さんの、「公益資本主義とは何か」という対談でした。（対談の相手は早稲田大学名誉教授の上村達男さん。）原さんの本は以前何冊か読んでいますが、公益資本主義は一貫した原さんの主張です。そこでの主張と今回の対談内容が同じだったかどうか、記憶が薄れてしまっていますが、ここでは以下のようなお話に注目しました。
　「昨年来、物価が上がっているけれども、コストプッシュインフレの要因を除けば、いまだにデフレが続いています。**日本全体の総供給能力の量よりも、総需要の絶対量が小さいわけです。こういう時には、総需要を供給能力よりもいかに増やすかが問題解決の糸口となります。**」（205頁）そして6つある総需要構成要素のうち、総需要拡大に効果があるのは、土地収用費を除いた公共投資、すなわち「政府による公的固定資本形成」であるとしています。（この項目以外の5つの項目はそれぞれ、民間消費、民間の住宅投資、民間企業の設備投資、政府の最終消費、純輸出としています。）

　ここで、総需要を拡大することが何よりも大事としている点については、私が兼ねてから主張しているところです。なぜ日本の高度経済成長が終わったのか、他の先進国はそれなりにまだ経済の成長があるのに、なぜ日本経済は30年にもわたって停滞を続けているのか、についての根拠は上のこと以外に

はあり得ないと考えているところです。なおかつ、日本では総需要拡大を政策の基本に据えることをしなければならないときに、従業員の人件費抑制、消費税の導入、税率アップなどの需要を抑制する政策を取り続けてきたのですから、経済が停滞するのは当たり前と言って良いと思います。

原さんは、これから必要な「公的固定資本形成」の内容として、①防災インフラ、②医療インフラ、③教育研究インフラをあげておられます（206頁）。この辺は、諸富徹先生の「資本主義の新しい形」の主張とも重なるところがあると言えましょう（特に③）。また、原さんは消費税も減税すべしと述べておられます（205頁）。

原さんは、「公的固定資本形成」のみが需要拡大の道であるとしておられますが、私は、総需要の中身とされた6つの項目のうち、「政府の最終消費」に、総需要拡大の可能性があると考えています。つまり、政府消費とされているもののうち、供給力拡大を目指す支出（主として企業への支援策）を、需要力拡大に資するもの（大多数の人々の所得拡大に向けた支援に振り向けること）へ、使い道を方向転換をするということです。これを、称して、私は「企業の政府」から「市民の政府」への政府機能の転換と言っています。

経済循環を円滑な形にするためには、需要と供給のバランスをとることが必須であり、そのことが結果的に供給力の拡大をも可能にするという視点が何よりも重要です。今は、供給力ばかりを拡大する政策は、結果的に自らの首を絞める行為であると気づくべきです。一時逃れの道として海外展開や海外生産展開の道もありますが、それぞれの地域の需要が満たされればそこで天井に到達し、それからは政策的に需要と供給のバランスをいかに確保するかということに戻っていくだけなのです。早期にその方向への経済システムへの転換を図ることが政府の役割として極めて重要になるのです。

高度経済成長期に供給力を拡大する方向で組み込まれた支出を、方向転換して需要力拡大の政策へと基本的に組み替えることにより、資本主義経済は安定を取り戻します。日本政府は、経済成長が落ちてきた時に、それまでの政策を変えないまま、供給力拡大政策を続けてきたと言って良いと思います。需給ギャップ（供給＞需要）自体が経済の成長を不可能にしてきたのです。何よりも、高度経済成長が終焉した1970年代以降、20年近い調整期間があったにも関わらず、政策転換をしないまま、従来政策を続けたことが財政赤字を現在のように拡大させてきたと言って良いと思います。そのままでは成長しない構造になったのに、高度経済成長期の経済政策を取り続けてきたため、歳出がそのまま維持された一方、それに見合う歳入はなかったからです。成長がない経済では、歳入が増えるという期待は幻でしかありません。

政府の最終消費の使い道の方向転換がない限り、今後とも日本経済の再生はまず困難と見て良いというのが私の見方です。

教育投資

さて、先ほどの教育投資に関連して、原さんの発言として、ジョブ型の導入は、日本の雇用形態には合わないので、「リスキリングでジョブ型に変えると、日本はひどい国になるでしょう」（208頁）と述べておられるところがありました。

ジョブ型とかリスキリングとかカタカナ語で新しい概念を表そうとするのは、学者や専門家の間では許されるのかもしれませんが、日本社会への普及力という点では大きな問題がありますね。カタカナ語を全て否定しているわけではありませんが、人々が皆、正確にその概念を認識できるようにならなければ、社会の中で定着していくことはないと考えます。

雇用制度などというものはすべての国民がそれを正確に認識して初めて日本社会に定着していくものでしょう。終身雇用制度、年功序列制度が崩れて、だんだんとジョブ型に切り替わっていく、とはどういうことなのでしょうか。

あまりはっきりと認識しないまま読み過ごしたのですが、5月10日の毎日新聞朝刊1面から2面

に「ニッポン再生」という表題のもとに、変わる雇用として「優秀人材ジョブ型で」という記事に出会しました。これで分かったのですが、欧米との交流が始まった古くから、欧米型の雇用形態として理解されていた、職務（ジョブ）記述書に基づいて、ポストに就いて仕事をする雇用形態を指すということのようでした。富士通では 2022 年から 45,000 人についてジョブ型に変えたとしており、採用 2 年目で課長級となる人材も出てきたということが記事として大きく取り上げられていました。

　この記事を読んで、原さんの危惧を見てなるほどと思いました。私は「社会的連帯経済への道」の第 7 章で「教育システム、人材育成の形」として就学前から職業教育までについて書いておりますが、ちょうどこのことが今まさに動いているのだと感じました。日本人の持つ特質と欧米型の雇用形態とはどうしてもミスマッチが避けられないというお話です。

　日本の雇用システムは、学卒システム、年功序列制度、定年制度の 3 点セットとして進んできており、役所のシステムは、良し悪しは別として、今なお典型的な形として定着しています。そうした中で、どのようにすればこれからの雇用形態が社会生活の中で定着していくかを考えなければなりません。年功序列制度の部分だけジョブ型にしてもさまざまな離齟を生み出すことになるはずです。作り出されたシステムは、人々の中で、そういうものとして理解され受け入れられていくものでなければ定着は難しいということになるでしょう。ジョブ型などとカタカナ語を使っている間はまず無理だと思います。

　製造業はこの 3 点セットはなじみやすかったのですが、第 3 次産業、いわゆるサービス業などに多くの人が従事するようになるにつれて、形態としては崩れてきています。しかし、ある部分だけ切り取って導入していった結果として生まれてくる問題も無視することはできません。かつて、このことを「低い給与だけが残った」として書いたことがあります（社会的連帯経済への道、242 頁。最初は 2010 年 1 月で、小さな SNS に投稿。）

　また、中小企業にとってはこの 3 点セットは、元々あまり重要ではないまま推移してきているのではないでしょうか。人の採用自体がなかなか思うようにいかないのに、雇用形態までの発想はなかなか及びません。

　学卒採用システムの形は今後どのような形が考えられるでしょうか、一斉の学卒採用システムが採られている中では、年功序列制度が一番なじみやすい制度と言わなければなりません。ジョブ型は普及困難な、1 つの変形でしかありません。経験者採用のこれからのあり方（これを「中途採用」などということは相応しくありません）、ひいては職業移動のあり方につながる問題ときちんと認識する必要があります。

　また年功序列型が主流であるとすると、定年制度がなければ老人支配が定着することになります。個人の健康や次世代への継受を考えた自発的な隠居の形ではなく、強制的隠居システムというのが現在の姿です。……このようにさまざまな疑問が浮かんできます。

職業移動を可能とするリスキリング

　こうした雇用システムと関連して大きく話題に登ってきているのが、円滑な職業移動であり、それを可能にする IT を中心としたリスキリングというテーマです。リスキリングと言ったわかりにくい考え方が出てきたのは、IT というテーマが普遍的な職業教育課題として重要となったからだと思われます。

　ここで、職業移動というのは言うなれば横移動ですから、タテ社会の日本では基本的に難しい面があるのですが、職業移動を円滑にするために、IT は大きな効果があると考えられているわけです。

　IT は、企業内でも業務改善に大きな効果を発揮することが期待されていますが、同時に、なぜ職業移動を可能にする最大のツールと見られるのかという点で考えると、そのツールが現在存在しているほとんど全ての業態に適用可能な技術と言って良いからです。つまり、さまざまな業態の転換を可能にするツールと考えて良く、この技術を習得後、さまざまな業態に就くことになってもつぶしが効くのです。それぞれの業態の構造分析をしてその分野の姿を抜本的に変える可能性を秘めたツールとして活用する

ことにより、それぞれの業態を蘇らせる可能性を持っていると言って良いと思います。

　その意味で、IT の技術習得の形が、企業内におけるリスキリングという形ではなく、もっと普遍的な形でトレーニング環境を整備するのが、これからの日本社会の可能性を決めてしまうぐらいの意味合いを持っていると言えると思います。企業内のトレーニングでは、その企業の抱える特定の課題の改善を前提としたトレーニングになりがちであり、職業移動を円滑にすることについては、全く中途半端な仕組で終わることになると思います。むしろ企業内のトレーニングでは職業移動を抑制する形になる可能性が高くなると思います。企業内リスキリングでは IT の技能を生かすためには限界があるのです。職業移動に大きな効果をもたらす可能性を秘めた IT のリスキリングは、技術習得のための取り組み方そのものから考えていかなければ、おそらく行き着く先は不毛なままになると思います。しかし、現在この辺の在り方について、どこが主導する形になっていくのかということですが、新自由主義経済の考え方に則って、市場に任せた形で方向が定まっていくということでは、職業移動を円滑化しないばかりか、IT そのものの日本経済における活用の展望も生まれてこないと言って良いと思います。

年功序列制度は変わりうるのか

　日本の年功序列制度の中では、能力のある人材を留め置くことの狙いもあって、比較的短期で昇進をさせることが必要でした。本人のやる気を失わせないための手法です。高度経済成長時代には組織自体が拡張を重ねていった時期でもありますので、このことの問題点・課題はあまり表面化しませんでした。

　しかし、高度経済成長が終わり、成長の難しい経済になったときに、この方式は限界が露呈します。この人事制度運営により中間職が幾重にも亘る段階で存在する形で、中間職が業務に直接携わるというよりはチェック、管理監督の役割を担う形となってしまっているからです。タテ社会の宿命です。業務の担当から少しズレる形となり、全体の生産性が低くなるのはある意味で不可避となっていったのです。こうした非効率はジョブ型では解決できるので、成長しない時代の組織では、ジョブ型としていくことで、能力ある人を繋ぎ止め、組織のために働いてもらうことの必要性が増しているので、これ自体は人材活用の面から見て一定の合理性もあります。

　現在のように経済成長の最早見込めない社会にあっては、組織を可能な限りフラットにして、人々がフラットな位置付けの中でそれぞれ直接業務に従事する形の方がはるかに望ましいことになります。しかし、年功序列制度が主流の組織の場合、考えただけでも問題が出てくるだろうと想像できます。管理職も調整役にとどまっていることができない状況になった場合、百家争鳴の中で、どのような折り合いをつけていけるか、人々の意識の着地点を見通すことは困難です。

　国の役人の人事制度では、年功序列制度を前提としながら、能力ある人材のやる気をなくさないための制度として、総合職の制度（名前は色々と変化していますが、本質は同じです）が設けられています。この層が国の政策づくりをする役割を持ってきたため、高いモラルを維持してきました。しかし現在、一度の試験で人生が全て決まってしまう点で、大きな課題を内包しているといえます。（ここでは取り上げませんが、さらに大きな課題として、政治と行政の間のリーダーシップの在り方についての根本的問題があります。）

　以上見てきたように、日本のさまざまな組織が、現状を乗り越えた新たな発展の方向を模索しているわけですが、経済の安定と新たな展望を持てるようになるまでには、日本社会の陥っている現状の課題認識を通して、方向転換の先を見通していくことが何よりも大事な時代に入っていると考えるところです。

新自由主義経済を行政指導する政府

新自由主義経済というのですが、アメリカは、新自由主義という通り、今なおかなり自由放任の世界で、企業が政府をコントロールしている面がないとは言えない状況があります。だけれど、**日本は行政指導によって新自由主義的な経済政策を推進**させられているわけです。これは言葉の矛盾ではないでしょ

うか、何が自由かと思ってしまいます。自由でもないのに、新自由主義などとよく言えたものだと思ってしまいます。新自由主義経済推進の行政指導をしているだけではないか。しかもこの新自由主義経済の発想ではものづくりによる経済成長の回復、ということしか考えていないので、未来は閉ざされているのです。

2）成長社会の残像が強すぎる　高度経済成長期の考え方からの脱却

インボイス制度は労働力不足社会で余剰人口として吐き出させるたくらみか？

　2023年10月から導入されたインボイス制度の隠れた趣旨は、労働生産性の低い中小企業を潰して半減させ、そこで働いていた人たちを労働力として再編し、労働生産性を高める方向に向かわせようという、デービッド・アンダーソンみたいな人の政策を推進することにあるのではないか。日本はもともと大きな組織に馴染まない中小企業王国なのだが、これを潰すことが生産性向上の最後の切り札みたいに政策当局が考えているように思われて仕方がない。日本社会の特質というものを知らない、頭の凝り固まった経営学者の発想で、これがプラスの効果をもたらすことはまずありえない。おそらくこれが徹底されていくなら、日本経済を究極的に破壊するシステムとなっていくと考えられる。

大企業の自立　大企業は行政依存からの脱却する……一方、役所は大企業育成を卒業する

　明治以来、国の政策は一貫して大企業を経済発展の核として、その育成に務めてきた。大量生産により、人々のニーズを満たすことを第一義として大規模化を各領域で進めてきた。今やそうした点では規模の経済は充足された時代に入って久しく、需要が高まらず、経済が停滞して見える時代になっている。それなりに目的を達成したと考えれば、これからはユニークな技術革新を通して、新たな需要開拓を進める時代と言える。大量生産はもういいのであって、拡大再生産を前提にしてきたシステムの再点検を行い、企業自らの努力で新たな領域の開発を進めるしかない時代なのだ。大企業はそれを怠ったまま政治家とつるんで、財政資金を自らの利益誘導に向かわせようという行動パターンを進めている向きが見られる。

　この時点では、海外知見の先行取得を行い、それに基づき国内展開をしてきた行政の指導はほとんど役に立たない。今まで大企業は行政指導のもと成長してきた面が大きいが、これからは役所依存を抜け出して、むしろ自立を促進するよう変化していかなければ、次の時代は開かれない。

　役割分担としては、国は大企業、地方は中小企業支援という形で進めてきた（多少の例外はあるかもしれない）。このこと自体が問題を孕むようになってきている。これもコロナ関連で出てきたことであるが、緊急事態に際して、地域で起きている課題に対して、国は自分たちが直接仕事を預けられる大企業を通して、地域への発信をするかたちが多くみられた。本来なら総務省から自治体を通して実施すればいい仕事を、自らが所管する大企業を通じて、あるいは広告代理店を介して地方展開するといった手法が取られた。実施した事業の利益を所管する大企業に確保させたかったとしか思えない対応であった。大企業の直接的利益確保が必要という状況になってきてしまったのだ。（また、今回、そのことを公然と認めるために自治法の改正まで行った。課題への対応が、全く日本社会の姿を知らないため、誤った対処法に固執するのを当たり前と思っているのだ。）

　このように、経済環境の変化に対応した仕組みの改革が不可避だが、基本的方向転換は不得意で、対応困難なのが今の状況である。しかし、これからは（というより、今や）、行政に依存せず、自らの力で切り開く覚悟が必要な時代に入って久しいのだ。大企業は今なお財政資金をあてにして、行政指導を受けながらの新自由主義経済ということで言語矛盾のような状況に甘んじている。

　また、一度成功したことはなかなか変え難いようで、今や時代のニーズとはかけ離れた、万博やオリンピック開催などで再起を図ろうといった、反省のないイベント実施にうつつをぬかす状態も続いている。時代が大きく変わったのに、一度成功したものは何度やっても成功すると思い込んでいる節がある。もともとこれらの事業が、新自由主義経済という今までの道を歩み続けるという化石化した発想から抜

け出せないことによるものである。構造転換が不得意な日本の状態を示している事例と見て間違いない。

　今までの事例でも、Goto キャンペーンや。アベノマスクですら、実際の金の使い方としては巧妙に仕組まれた大企業支援でしかないと考えられる。国はこうした金の使い方で無駄金（企業と癒着している方々はそんなふうには考えないでしょうが）を費消しているのが現実です。予備費何兆円という使い道を指定しないままの予算も、多分そのような使い方をされていくのではないでしょうか。この行政と大企業の癒着を断ち切らない限り、財政赤字は果てしなく拡大していく。

　今、国は効率的な金の使い方すら分からなくなってきているのです。そうした金を、まず、需要力の拡大に向けることが必要であり、そのためにはどういう政府の形が良いか考えなければいけない時であると思っています。今の政府の予算規模を変えなくでもできることは、かなりあると思っています。予算の使い道を徹底して変えることしかありません。小さい政府から大きい政府論へ展開するという見方もあるようですが、そう言った議論は物事を見えなくする一方、使い道の転換の発想が抜けてしまう可能性も大きいと思います。

参照「役所の持っている役割」
https://bit.ly/4deD8Gw

選択と集中

　選択と集中という概念は、これからの社会では集中していることがコストを低くし、利益を確保する最大の方策なので、これを推奨しているわけであるが、繁栄を今一度という新自由主義的なの発想でもある。この概念が、消滅自治体の話の原点となっているわけで、１箇所に集めれば、人のいなくなる地域が多く出てくるのは、今でも当たり前の話なのであり、資本主義的な拡大再生産経済を持続させる基本として、コスト削減の一環として選択と集中の概念の展開をしているのである。

過当競争・談合社会

　過当競争は、林立するソトの同業者との間での競争に遅れをとりたくないという形で進められてきたと言って良いのではないか。ソトの世界との争いは、収束手段がないために、果てしなく続く可能性が高い。そのため、競争の過程では利幅をどんどん落としていくことが行われる。このように、企業活動では自滅的な競争になりやすいのです。ユニークなモノを作るというより、同じものを作るのに些細な差であっても遅れを取ってはならないという強迫観念が底辺にあるように思われます。そして、この争いで利幅をすり減らして止まることがないので、行き着くところまで行くと隠れた談合ということで、自分たちで調整を進め、利幅を確保する方式に入りこみます。順番を決めるのです。争いが加熱すると、落札業者が利益を出せないことになって、結果的に手抜きをするようなことにもなりかねないので、発注者側で調整を図るという、いわゆる官製談合の事例も出てくる……行政の持つ仲介機能である。しかし、いずれについても公正取引委員会という欧米型制度のもとでは摘発対象となる場面が多い。

護送船団方式

　また、業態によっては余計な争いが生じないように初めから独占禁止法の枠の外での活動ができるようにする仕組みも導入されてきた。いわゆる事前調整の護送船団方式である。全体として見れば、経済発展を目指す過程での大企業育成システムである。ここでも行政が仲介者になっています。

　日本の経済発展過程において進められた金融関係をはじめとする、行政の取り組みは護送船団方式と言われた。

　行政が海外諸国と日本企業が伍していけるよう、また仲間割れなく伍していけるように行政指導を進めていったわけである。

　この視点を拡張して国際関係を見てみると日本の特徴は際立っている。外の世界との争いが始まると、

日本人の心境としては、とことん行く資質をもっているので、この争いも際限ないものとなりがちになる。つまり、強力な仲介者がいない世界では、果てしない争いのない中で、滅ぶことも厭わないのではないかということである。

　これと類似した現象が、この前の戦争である。世界が日本を怖れる向きがあるとしたら、一旦入り込んだ争いの場から抜け出すことを、日本はしないだろう……出来ないであろうということである。

３）メディア

「受け身」体質を利用したマスコミによる支配

　日本人の受け身の体質を利用されてマスコミによる巧妙な支配の形が出来上がった。見ているだけで自ら発信しなくても良いテレビは、受け身体質の私たちにとって最も適合した媒体です。モノのあふれた、いわゆる成熟社会になっているわけですが、そこでさらにモノを売るためにこのテレビという媒体が利用されているわけです。視聴者を買い付けに走らせるサプリメントの広告、保険の広告などは典型的なものとなっています。

　一方モノに溢れた社会となって、ゴミ屋敷となって生活に支障をきたすくらいになっているところで、買取ビジネスが大流行りとなってきている。着物や楽器、金（きん）やその他の宝石類、さらには自動車など、受け身体質が大いに利用される形となっている。一面では、経済の衰退過程の象徴のようでもあるが、ものが家庭からなくなれば、また新たなモノを買ってもらえるということで、資本主義経済の拡大再生産システムともマッチするものとなっている。

　そして、近年におけるメディア、特に電通を中心としたメディアによる誘導の実態が密かに、ある面では公然と進んでいると言えます。さまざまな調査や世論調査は、人々の反応を知る上で極めて有効なものになっています。公式に表に出す部分はごく一般的な話であるが、大事なことはそれとは別に分析をおこない、この世論調査の過程で、広告企業としては、密かに日本人の特性からくる行動分析パターンの積み上げを行なっているのではないかと想像する。ことが起きた時に、思う方向に人々を誘導するための日本人の動き方を調査に含ませることは可能なのだ。この情報は、政治における政策誘導にも活用できるはずである。

４）IT　日本でどこまでIT を活用できるか

住民基本台帳ネットワークシステム　マイナンバーカード

　かつて住民基本台帳ネットワークシステムでも大きなミスが出て当時話題になったが、近年はマイナンバーカードで同じようなことを繰り返している。ミスが発生していることについて、人為的ミスだからシステムは問題ないというのは、システムを知らない人の言うことです。人為的ミスが起きる可能性を放置しておくようなシステムは、システムとは言えないわけです。広汎な分野で入力する必要がある仕組みの中で人為的ミスがなくなることは非常に困難なのは当たり前です。IO（入力・出力）というのはシステムの基本なのだ。

　なぜこんなに欠陥のあるものを推し進めようというのだろうか。一番は官僚が自己権力をこのまま維持・強化したいところに、システムというものを知らない政治屋が、そそのかされて訳もわからないのに、乗っているという構図のように見える。永久政権構造を確固たるものにしたいための試みか。

　役所には技術者の域を超えたIT 人材はほとんどいない、と私は思っています。観念的に、IT を使えば不可能が可能になると言った程度に思っている人ばかりである。ボトムアップ社会の典型が役所だからです。

　ちなみに、システムを作るときは、これでどれだけの省力化になるのか、人件費削減で帳尻合わせをするものだが、そんな話はどこからも聞こえてこない。生成AI で働き場がなくなるという話が流布している一方で、マイナンバーカードの導入で、人件費削減をどれだけやるといった話を聞いたことがない。今まで述べてきているように、IT は基本的にトップダウンのツールである。したがって、日本ではボト

54

ムアップの情報伝達を行う日本型情報システムとの間の不整合が見られ、常に中途半端なシステム構築になる可能性を持っている。

また、今のITは、使う人はどんどん使うが、使わない人は全く使わない。ITを知る人と知らない人との格差は日本では広がる一方で、時間が経過してもこの状態が変わらない。今のままではITは社会全体として使えるツールになっていかないということだ。現在の情報システムというものに日本の根幹的なシステムとの整合性を確保する取り組みが出てこなければこの矛盾は、これからもいつまでも続いていくことは間違いない。

ITシステムと役所のシステムとの違い

ITシステムと役所のシステムとの違いなのですけれど、役人の世界ではITについては、基本的に技術者以外は知らないのです。何よりも、ITというのはトップダウンツールだという理解をしていただきたいと思うのです。ということは、例えばAmazonのシステムって、あれすごいですね。あれだけの全体構想があって、部分部分を状況に合わせて作っていて、さらにサブシステムの追加なども進めているのです。

稟議制度というのは、部分を積み上げて全体にしていく形で情報システムも兼ねているという説明をしました。基本情報はボトムでそれぞれ分散管理する仕組みであるため、トップまでいっても寄せ集めですから、まとまったとしても、統合された全体にならないのです。ここではトップダウンで全体を見たところから部分どう作るかということを考えているわけではない。これは構想を持っている人がトップにいなければ可能なことではありません。

このようなボトムアップ組織では、トップの側で発想をちゃんと持たない限り、ITのシステムっていうのは、日本では定着しないというふうに私は思っているのです。したがって、稟議の仕組みとITのシステムとは、現状ではバッティングしている、ということをまず認識してもらうことが必要なのです。

5）行政・政治

現在は、官僚の既得権構造に凝り固まったさまざまな制度を改革しなければならないギリギリのタイミングになっている。特に、さまざまな外郭団体改革は喫緊の課題である。

かつての官僚は国士という表現で言及されるように、行動力を伴った人たちで国の方向を形成していったが、どうも現在は、江戸幕府末期の官僚群と同じように事大主義で固まった人が多くなっているような気がしてならない。これは、政治の側の権力が著しく強まった結果であるかもしれまい。

行政と政治の現在の立ち位置……行政国家論

官僚と政治家の間の関係では、近年、行政国家化が進んできていると言われる（行政国家論）。西欧では、もともと政治家が政策づくりを担ってきたが、専門的政策づくりが求められるに伴って、それを担う官僚が力を持つようになっていったということである。

しかし、そういう意味で言えば、日本は、明治以来ずっと行政国家であり、政治は国民の不満のガス抜き的な要素が強かった。国民の信頼も行政の側にかなり強く存在している。こうした中では行政は、信頼をなくさないように厳しく自己を律してきた経緯もある。現在でも行政に対する人々の信頼はかなり大きいものがある。

そうした経緯があるが、日本では戦後になって民主主義を基本とした選挙制度が持ち込まれ、だんだんと政治の力が大きくなってきたと言って良い。官僚は外来知識をもとに日本社会の基礎を作ってきたが、現在は民主主義制度に基づく政治家主導の社会に変わっている。

しかし、これに見合った制度になっているとは言えない現状がある。

行政国家の成長＝ディープステート

　政策の決定権は、民主主義社会では、選ばれた政治家の権限になっています。権力者が勝手気ままに政策を打ち出すと、それまでの政策と矛盾する状況が強くなる。表立って政策の是否を議論するような闘争の場合は別として、それまでの政策との関連を無視して政策立案ができるわけがないので、継続性ということを考えるなら、行政に委ねて全体管理をしてもらう形が強まるのは避けられない。こうしたことを称して行政国家化といっているのである。

　さらにこれが進むと、行政が政策を自ら作成し、これを政治の側に強いるということも出てくることになる。そうなると行政の中で政策立案にかかる部分がブラックボックス化することも起きかねないようになる。トランプさんが、ディープステートと呼んだ官僚の世界は、特定分野でそのようになって手を出せないぐらいの状況になっていることをさしたのではないかという気がしている。日本の行政では、もともと行政国家であったので、こんなことは当たり前のように起きていることである。「よらしむべし、知らしむべからず」の世界である。

政治権力の拡大　しかし、政策を作るところに権力がある

　国家において政策を作るところが実質的な権力を持っていると、私は考えている。そうした視点に立つと、現在でも明らかに行政府が権力を握っていると言える。

　しかし戦後、民主主義制度の本格的導入により、外形的には政治の側が権力を持つ仕組みに変わっているのはお分かりのとおりです。しかし、行政の力がきちんと政治に移行したわけではない。実態は二重権力構造になっているとみた方が良いと考えている。この実態からいくつもの問題が生まれている。

　官僚の世界は、終身雇用が一般的である。つまり、官僚の方は継続的に政策の全体をチェックする立場にいる、一方で政治家は一時的公務員であり、政策の全体整合性を欠いた中で、自分の優先する政策のことしか語らない。こういう状況では、有権者としては、当てにならない政治家の部分的な政策提案より、官僚の政策の方に信頼をおくのが普通である。どう見ても政治家の政策はつまみ食いの感を拭えない。つまみ食い政治では、声の大きい政治家の言いなりになるケースが多くなる。

　実際問題として、現状を見るとき、イデオロギーによって政策のつまみ食いをしている政治家によって、日本社会がどんどんおかしな方向にいくという現象を止めることができないでいるとしか思えない。まして、政治家の利権構造を変えることなどは、全く期待できない状況でもある。

　与党は、なぜマニフェストを重視しないのか。政策の全体は官僚が管理していることがわかっているので、マニフェスト作りは遊びの領域を出ていないと思っているからである。本格的な政策形成は官僚に委ねていることが傍証である。終身雇用の官僚に政策を委ねている与党は、一方で未来永劫本格的な政権交代などあり得ないとして、自らの属する政党が永久政権であると錯覚している向きがある。終身雇用の官僚に政策を管理されているので、与党のメンバーはその政策を自分の政策として掲げれば、いつまででも自分たちの政策と言い張ることができる。

　官僚は終身雇用でしかも年功序列の中で仕事をしているので、政権の交代があっても官僚の持つ理念が、都合よく政権をとった政党の理念に変わるわけではない。何よりも人間の持つ志操というものは、そう簡単に変わるものではないはずであり、またすんなり変わってもらうようでは困るのである。政権交代が起きる前に作り、運用してきた政策を、同じ人が、政権交代と同時に、そして一気に変えることなどできるわけがない。政権交代があっても、官僚が作った政策と大きく変わるようなケースでは、当然ながら人が変わらない限り新政権の足を引っ張ることにもなる。しかも官僚制は終身雇用が保障される年功序列型組織である。

　したがって、二重権力構造では圧倒的に官僚が強いといって良い。それでも政権は変わらない方が官僚にとっても都合がいいのである。

今の状況で、公務員は中立であるというのは幻想である。装っているだけである。政治的イデオロギーを主張する政治家の手先となって政策の実態を作り出しているのだから、当たり前と言えば当たり前である。公務員は政策の立案者と執行者を兼ねているのが現在の日本の姿であり、現在は執行者としての公務員も、中立であるとは言えないが、立案者としての公務員は、どうして中立であると言えようか。

　官僚を志向している人たちは、強い自負心と志を持って就職している。だから、自分の志と永久に合致することのない政権だと考えれば、辞職していくことになる。最近退職者が増えているのはそういう人たちが増えてきているということでもある。

　終身雇用の官僚制度と今の民主主義政治システムとがきちんと整合性が取れていると、皆さんはお考えでしょうか。権力を持つか失うかの瀬戸際の際には、目に見えない隠れた争いがここにはあるのです。

　官僚が政策を作ることを通して権力を維持していることの一端は、国会等における政治家の答弁書作りに深夜労働を欠かせない実態に現れている。この実態を見るにつけ、官僚が可哀想だというマスコミ関係者もいるが、権力を握っているから、どれだけ時間がかかっても、自分たちの趣旨を貫徹する説明書を作ることは不可避と考えているのである。政治家の理不尽な要求をも包み込んで……。

小選挙区制度導入の結果として世襲化を促進

　国民の多くにとってソトの世界と理解されている選挙のシステムであるから、有権者の側での投票基準は、政策での選択というよりは、その人を知っているかいないか、その人との関わりが少しでもあるか否か、ということで投票しているのが実態となる。政策選択をめぐって争うということは形式的なものに留まってしまっている。

　衆議院議員選挙のシステムは政治改革待ったなしという切羽詰まった状況の中で、小選挙区制が金のかからない仕組みとして導入されたが、作られた時の切羽詰まった実態が忘れられ、早くも形骸化している。海外制度を導入するとき、日本社会の慣習や既存制度との兼ね合いで、どのような結果をもたらすかを十分シミュレーションしないまま導入した事例の典型と言えるであろう。その結果、政策によらない知名度で人を選ぶシステムとして定着し、一人しか選ばないというシステムのもとでは、知名度を活用できる現職優位の結果になるのは当たり前の現象と見なければならない。現職優位ということは同じ姓を持った人に受け渡していく世襲化を最も進めやすいということでもある。半分の票が捨てられる選挙で、結果がどうなるかの状況が見えるとしたら、投票に行きたくなくなる人も多いのはごく自然なことのように思える。しかも、この制度を変えることはなかなか出来ない。

　また、政策選択の選挙になっていないということで、欧米から見ると不思議でしかない街宣が当たり前のこととなっている（2024年2月23日の内田聖子さんのお話）とのことである。名前を覚えてもらうことが重要で、真面目にやっているということの証が街宣の目的の1つになっているわけである。

　なぜ人間関係になってしまうのか、政策ではないのかということです、これは、今まで述べてきたように極めて私ははっきりしていると思うのですけれど、政策を作っているのが役人であることが関係しています。政策は基本的に官僚が作っているので、立候補者は政策を展開するフリをしながら、実際は知名度を広げ、当選しさえすればいい状態に置かれているのです。そのため、政治家は自分の好きな政策をピックアップして主張して言っているだけなのです。

　政治家が言うその政策がほんとうに世の中を変えるほどの政策をやってくれれば、選挙に行く価値はあるのですけれど、選挙に行っても、政治家は自分の好きなイデオロギーを出しているだけ、自分の好きな政策のつまみ食いをしているだけで、あとは全部役人に任せているのが実態です。

　基本的な部分は役人が政策を管理していますから、有権者の多くは、選挙に行っても行かなくても、実態は変わらないと思っているのです。

　政策を作っているのは役人で、適当につまみ食いをしているのは政治家だから、選挙なんか行っても行かなくてもたいしたことはない、ということを感覚的に多くの有権者は理解しているわけです。こういう結果になってしまうのは、有権者にとっても不幸なことです。

国民の半分は選挙に行かないし、結果的には何も変わらない。その問題の本質をよく理解するようになれば、政策を中心にした選挙をするようになればいいわけですから、どういう仕組みになれば政策選択選挙になるかを考えることが極めて重要なことであると思います。これは口で言うのは簡単ですが、さまざまな制度が絡んでいることは明らかで、簡単なことではないわけです。

　人間関係でやるときには、裏金問題としてこの間ずっと続いているように、金をかけて自分を売り込むのです。自分の顔と名前を売り込むのです。一旦売り込むことに成功して小選挙で当選すれば次回以降は、もう当選しているということで知名度が浸透していることから当選しやすくなるのです。

　だから、最初新人として出たときは大変なことなのですね。このように、どれだけ金かけても足りないというのは、日本の政治の非常にマイナスなところです。

参照「日本政治はなぜ金がかかるのか」

https://bit.ly/4fzFf9o

国会の不思議　〜議場の作り、質問時間設定〜

　国の議会、あの議場の作りがおかしいと考えた方はいませんか？　おかしいのです。

　何がおかしいかというと、日本の国政は議院内閣制を採用しているのです。地方は違うのです、地方議会は大統領制なのですけれど、国会は議院内閣制でしょう？　だから議会を中心にしているのだけれど、議場の作りは大統領制と同じになっているのです。

　それは当たり前と思われる方は、イギリスの議会を見てわかると思うのですけれど、与党や野党が席を相向かいで議論するわけですよね。これが議院内閣制の世界なわけです。

　政権を取っている側は与党でそうでない方は野党ですから、それが対立して議論をして、政党政治で政策決定をしている。これが二大政党の世界ですけれど、日本の議会では、国会はとにかく構造的に大統領制の議会なのです。戦前の議場の構造をそのままにしている感じです。戦前は内閣がかなり強い構造であったのではないかと思います。

　そういう与野党間の議論の場が今の国会ではないままなので、おかしなことに、野党の議員は官僚に直接質問をぶつけると言うような変則的な形が流行り出してきて、テレビのでも時々ニュースになっていますね。

　これもまた官僚が政策を作っているということの傍証なのですが、政治家に質問するより、官僚に訊いた方が手っ取り早いと言うことだと思います。

　またもう一つ、その延長でいいますと、質問時間というのが設定されていますね？　議会の質問時間。

　これはその会派の議員の数によって質問時間が決められていますね。特に委員会のときなどでね。

　与党は政策を作って出しているわけですから、質問なんかする必要ないのです。本来、政策を議会に提案する前に、与党として問題を整理して、疑問があれば提案前の段階で解決を図って提案しているはずなのですから、野党に質問させればいいわけです。

　前はそうでもなかったらしいのですけれど、2017年の時点で議員の数の多さに準ずるかたちに質問時間設定を変えている。だから少数政党は質問時間1分とか2分とか3分とかね、そんなことになっちゃう。

　これは、安倍政権のときに、当時の官房長官が主導して変更されたように聞いています。

　安倍さんが答え難い意地悪な質問をされるのを嫌がるものだから、野党の質問時間を少なくするために、地方議員出身の知恵で、大統領制の質問時間設定を国会に取り入れてしまったわけです。議院内閣制の特徴など、みるも無惨な形にしてしまいました。

　だから、全然おかしいのですよ。整合性がないことを平気でやるようになっちゃったのです。

　こうしたことがいろんな面に日本人の生活の中に出てきているというのが私の認識です。

６）ボトムアップの予算査定システム

ボトムアップ型予算査定システムの限界

現在の国や自治体の予算編成システムは、組織末端からの積み上げ方式となっている。予算を計上するそれぞれの組織は、所管の事業があり、そのための人がいるわけであるから、欠かせない最低限の積み上げ要素は決まっている。ボトムアップ組織としては当然のことと認識されていて、ボトムアップ以外の予算の組み立て方法については、基本構造としては現時点では全く考えられていないであろう。新たな政策課題にあっては、既存事業の代替となることが当たり前である。これら予算の案も大体関連事業を所管するセクションから提起される構造になっている。ということは、この現実から見ると、予算は膨張することはあっても均衡を保つ構造、ひいては減少させることについてはシステムにビルトインされていないということである。営々と今までの事業を実施し、その上で環境の変化に伴い新たな事業と加えるという形の仕組みに対して、組織の構造転換や既存事業の廃止などを常に行い得る構造を、組み込まない限り今後とも変わることは考えられない。さらにこの上に利権確保しか関心のない有力政治家の要求が上積みされる。こうした状況では、古い頭の財務当局の意向に従っている限りでは、未来はないと言わなくてはならない。

当初予算はそれでも絞りに絞って毎年説明できる範囲に収めていくが、緊急時と称して組み立てられる補正予算は、政治家にとって今まで実現できなかった事業に係るチャンスが出てくる一方、官僚にとっても積み残してあったものや、ご機嫌を取りたい人たちに対する応援をするための、またとないチャンスとなっている。例えば、コロナ禍で、組まれた予算で、Goto キャンペーンのような違和感しか感じない予算がいくつも見られたと思うが、それらはチャンスさえあれば、屁理屈をつけてでもどこかで組み込みたかったものと考えるべきなのだ。当初予算では入れ込めなかったものがこうして大っぴらに出てくるようになる。これもボトムアップ型予算編成の欠陥と言える。チャンスがあればとボトムでは身構えているので、少しおかしくても口実をつけてどさくさにつけ込んで紛れ込ませてしまうのだ。自分たちの今までの仕事の領域（積み残し）をカバーすることが何よりも優先する事項になるのである。

財源から設定した規模を想定している財務省は、おかしいと思っても結局認めてしまうことになる。不必要な事業同士の優先権争いでしかないのである。どの議員、どの業界に、という話になった時、押さえ込むことができない面が出てくるのだ。ボトムアップの官僚制に依存していて的確な対応をしてプライマリー・バランスを実現する知恵が発揮されるという保証はないのである。

2024 年 2 月 14 日の予算委員会において、脱税疑惑が疑われる裏金問題の最中で、岸田首相の国民の納税を促す発言が批判を浴びていたが、これ自体は、財務省が作った答弁案であり、財務省の言い方でしかない。財務省というところは、政治家の感覚を無視して自己主張をすることしか考えていないところである。かつての菅直人さんの消費税増税発言や、野田佳彦さんの時の野党自民党との消費税増税合意などは、政権が倒れても省の自己主張だけは押し通すという、この省の権力志向の発想からきている。省益というより、それが抑え込むためにやむを得ない絶対善であると信じている面があるのが、何よりも始末が悪い。

財務省は、1,300 兆円と言われる赤字を作り出してしまったことに対して大きなストレスを持っています。これは、実際は今まで述べてきたような基本的な予算編成の構造、そして政治と行政の狭間の二重権力構造という矛盾がもたらしたものでしかありません。しかし、何としてもこれを悪化させてはいけないと思っています。ですから体制としては、反緊縮などは、とんでもないと言っている人ばかりです。しかし、今まで赤字を防ぎきれなかったように、これからもずるずると事実上の反緊縮を実行していくと思います。おそらく最終的にはハイパーインフレーションでの解決しかないと思っているかもしれません。まさにお手上げ、責任放棄でしかないわけですが……。積極財政の認識もないまま作られていった膨大な 1,300 兆円とも言われる赤字は、何だったのでしょうか。高度経済成長期からなんら構造を変えないままですから、成長しない経済では日本財政の赤字は未来永劫拡大を続け、解消されることはないのです。

７）積極財政について

参照「日本の財政赤字の解消法はあるのか」
https://bit.ly/4fyoOKv

　現時点で 1,300 兆円ともなる赤字が積み上がっているのに、さらに赤字を増やす積極財政をなぜ進めるのか、という話が、多くの人が持つ疑問でもあるように感じます。今積み上がっている赤字は、積極財政の主張に基づくものではないのですから、赤字の質を分析することは決して無駄なことではないと思います。1,300 兆円の赤字は、積極財政ではなかったら何だったのでしょうか。これは、主として自民党政権の中で生み出したものです。

　私は、基本的な予算編成の構造、そして政治と行政の狭間の矛盾がもたらした、極めて日本的な財政構造がもたらしたものだと思いますから、分析も十分しないままでこの状態が変わることは決してないと思っています。しかも構造を変えないままですから、成長しない経済では赤字は未来永劫解消されることはないのです。この状態は進んでいき、それに伴って日本はどんどん衰亡していくだけになるでしょう。

　経済的面での先進諸国が皆悩んでいるのは、拡大再生産という資本主義経済の中心命題の達成が困難になった中で、いかに経済の拡大と社会の安定を実現していくか、ということであり、そのために資源をどこに振り向けていけばいいかということであると思います。

　現代社会で軍事産業が技術革新を促進し、成長に寄与するというふうに主張されているようですが、人殺しの道具作りに狂奔することが資本主義経済の目的ではないはずです。こうした技術開発について思い込んだ認識を拭い去ってもらうことがまず必要です。コロナへの対応、気候変動への対応といったマイナス要因と思われる課題に対応することが、新たな技術革新、新たな産業分野の拡大を促していくのであり、今や軍事だけが新しい技術を生み出すわけではなく、むしろ根底からそうした経済の拡大構造を破壊するためのものだ、という考え方を浸透させていくことが大事です。人の生き死にに関わる分野だからといって必死に軍事技術開発に向かうのは、本末転倒の考え方だとなぜ思わないのか、不思議です。「なぜ日本人は世界の残酷さを理解できないのか」、ということです。

　消費の拡大を促進すること、そのために多くの人々の所得を拡大して、人々（国民の大多数）の買う力を拡大していくことが、作る方（企業活動）に跳ね返り、生産拡大も可能になっていくということを大いに主張すべきであると思います。経済循環の考え方からすると当たり前のことです。

　これからの時代は、技術革新をどこに求めるか、消費する側のパワーをいかに大きくするか、ということでしか、経済の拡大、そして社会の安定は見込めない時代になっていると考えるものです。

国際環境の大きな変化を捉え直す勇気を

　100 年に一度と言われるような新型コロナに見舞われてきて現在があるが、それよりさらに大きな課題として、パクス・アメリカーナが終焉し、パクス・アシアーナの時代となってきている（進藤榮一先生）。アジアそしてグローバルサウスの時代である。西欧諸国が進出してきて以来、アジアを含めてアフリカ、中南米をはじめとして虐げられてきた人たちが、ようやくその状態から解放される状況になってきたのである。

　長期的な展望を持ちながら、これからの時代のあるべき国際関係について知恵を発揮する時代になってきたのである。日本の持つ資質を考えるなら、ここでもう一度その役割を考えてみなければならない時期に来ているのは明らかである。国際貢献できるチャンスは、今日本に備わっていると考えるのだが、自らの姿をかえりみて、踏み出す覚悟をしなければならないと思っているところである。

8）教育

再挑戦を可能とするための職業教育の仕組みの構築

　今までは、高校や大学での高等教育は、海外の知見を学ぶ、教養課程とみられる向きが強く、就職先を決めることのできる実践的なノウハウを教育する場とは言えないケースが多かったのではないかと思います。実際、本格的な職業教育は終身雇用型組織に就職後に委ねられてきたのが実態です。

　終身雇用時代であれば、教養講座的な高等教育も許されたかもしれませんが、年功序列がなくなり、終身雇用が一般的でなくなり、転職の可能性をいつも考えなければならない時代にあっては不整合がやたら大きくなってきています。新たなノウハウを身につけることがないまま仕事を移ろうと思うと、経験のない世界での就職に際しては、給与は振り出しの状況に戻っていき、転職のたびに振り出しからのスタートとなりかねない時代に入ったと言えます。今までの年功序列の制度が残している残滓とも言える年功序列賃金の観念です。

　現在は、時代の先を見越した職業教育の考え方が導入されるべき時代に入っているのです。高等教育の領域も、教養講座についてはインターネット情報などに任せて、それぞれの領域で、本人の意向を実現することを前提に、相当レベルの高い専門技術教育を目指すような再編が求められているように思います。タテ社会の外へ、新しい仕事を求めて出ていくことが求められている現在は、職業教育の進め方について、抜本的な見直しが必要となっていると考えます。

　ユニークな能力を持った企業人や専門家などに講座を持ってもらい、高等教育を進めるという方向が、今や必須となりました。現代流 産学共同教育の誕生です。

　制度の抜本的見直しが不可欠であるが、営々と従来のパターンを続けているのがほんとうに不思議です。

不登校・引きこもりの日本的特徴

　不登校がなぜこれだけの規模で起こるのか、対症療法を考えるのでなく、その原因を解明し、未然に防ぐことが不可欠である。

　高度経済成長期に進んだ都市への民族移動の中で、それまでに存在していた、難しい日本語ゆえのコミュニケーション形成の場が失われ、その後、いかなる形でもそうした場が作られていない。→　不登校・引きこもり・オレオレ　敬語の言葉遣いからくる「いじめ」「ヘイト」世間慣れしていないと馬鹿にされる現象、それは言葉に表れる。些細なことに見えるが、些細なことではない。

　「都市の空気は自由にする」といったことは、日本では孤立化を招いただけのことである。

　近年の不登校の急増は、新型コロナ禍の問題から起きているのであるが、コロナ以前においても高原状態が続いてきた。今のままではこの状態を改善することは出来ないと見るべきである。文部科学省の統計は 1991 年以降であり、高校生については 2004 年以降となっている。高度経済成長終焉の後、問題解決が図られないまま推移し、全国的に事態が表面化してきて、ついに本格的に取り組まなければならなくなったため統計を取るようになったのではないかと考える。このように問題の分析を含め、対応が遅れたのは、これが日本特有の課題であったからだと私は考えている。外国の現象は必死に取り入れるが、自らの特有な問題は分析が出来ないばかりか、適切な対応することが常に手遅れになるのである。

　問題の根幹は、さまざまな年代の子どもたちが集うコミュニケーションの場（コミュニティ）が、都市移動に伴って完全に失われ、そのままになっていることからきている、日本語の特質を体得する場を失ったためであると私は考えている。日本語の敬語というものの持つ意味を、大人が理解できていないことから対応策も考えないまま今に至っているとしか思われない。日本語の敬語は、どういう選択をすればいいというレベルの話ではなく、相手の立場やものの考え方を常に推察しながら、相手を傷つけな

いようにどういう敬語を使うかということであり、人をみる目を常に養って育っていかないといけない、という点が極めて難しいのである。

不登校・引きこもりの最大の問題は、これから技術革新社会としての日本をリードする繊細で豊かな感性を持った若者を、社会のお荷物として扱うような立場に置き去りにしたままでいることだ。個人的病理の問題として捉えるのではなく、社会的に対応を怠っていることからもたらされているという認識にどうして気を回すことができないのであろうか。日本社会が今の状態に陥ってしまった原因の一つは、こうした問題の原因を突き詰めていく資質を、今の大人が欠いているからとしか考えられない。

大量生産による安い商品作りの時代は終わり（すでに量は満たされてしまって）、これからの時代は、新しい発想、ユニークな考え方による様々な展開・技術革新がなければ、企業だって生き延びていけない時代に入っているわけですから、強制的に同じことを強いる教育では、それ自体日本の未来を閉ざしていると言わなければなりません。ひとりひとりが自由に自分の発想を展開していく風土が必要なのです。今のままでは、ユニークな発想を持った人たちが活躍する場を閉ざしているわけですから、未来展望もなく、経済の成長だってあるわけがないのです。そうした個人の資質を活かす教育になっていないので、学校へ行かない人もどんどん増えていくわけです。ものすごい無駄なことを平気でやっているということで、これが衰退国家の象徴と私は見ています。

「引きこもりの7割は自立できる」

二神能基、久世芽亜里（ニュースタート事務局）

不登校から引きこもりへ

2023年10月16日にニュースタート事務局を運営しておられる二神能基さんから新しいご著書の案内があり、17日にAmazonに予約注文し、発行日とされる20日に届きました。

書名は「引きこもりの7割は自立できる」（新潮新書　2023.10.20　二神能基、久世芽亜里207頁）です。

二神さんとは、私が神奈川県で青少年総合研修センターに勤務した時（1997〜1999）にお会いして以来、何かにつけてのお付き合いで細々と続いてきているのですが、ご著書の案内をいただいたのは初めてのような気がします。（アッ、2回目かな）

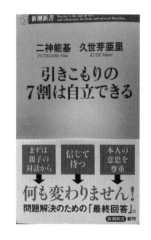

かつては私の頭の中は不登校問題が占めていたように思いますが、二神さんは、加えてニート・引きこもり問題を扱ってこられた方です。不登校・引きこもり問題を、私は日本語の特性から説明しようと考えているのですが、二神さんはニュースタートという言葉のように、社会への新たなスタートを切り、進んでいくための支援をしてこられた方です。今回は、30年近くにわたって、1700人を超える人たちの、何ヶ月、何年にもわたる支援活動をしてこられた、その実態から展開されているという点で、実践を通しての提言と言って良いと思います。ご本人も最後のところで「遺言のつもりで書きました」としておられます。

さて、読んでの感想です。

引きこもり問題は、表紙の帯に描かれていることに象徴されるように、その進め方が人々の間、あるいは政府・自治体の間でもかなりずれている面があるとして、どういう対応が望ましいか、非常にわかりやすいお話の展開がされています。

「家族をひらく」「『信じて待つ』は3年まで」「『まず親子の対話から』という誤解」「引きこもり支援のゴールは自立である」「一番イヤでない仕事で食い扶持を稼げ」という2章から6章までのタイトルを見るだけでも、中に書かれてあることが想像できる面があるのではないでしょうか。

この本を読みながら、いつの間にか私は、自分のロジックとの関わりをチェックしてしまってお

りました。

二神さんは、引きこもりからの社会復帰というか、自立した生活へ進むための支援という現に起きている課題の解決に向けた実践をしてこられたのですが、私は、なぜ不登校や引きこもりという事態が生まれるのかという点であり、その発生源を捉えて解決策を見つけることが大事と思ってきました。そしてその原因は日本語の持つ特性にあると睨んでいるわけです。

引きこもりからの抜け出すための取り組みについて、本を読み進むうちに、日本語からくるさまざまな現象に深くリンクしていることを感じ、興奮を覚えるまでになりました。

常々思っていることは、日本社会における不登校・引きこもりと同じような現象は、他の国々にも一般的にあるのでしょうか、ということです。引きこもりは、今や日本では146万人に達したとのことですし、不登校は、2022年度時点で29万人超という調査結果の数字もこれは日本特有の現象であろうと考えるところです。

この本にあるようにその捉え方が人さまざま、大きくぶれているのは、主に海外の理論展開を取り込んで研究を展開している日本の研究者や学会では、この案件に関しては海外に適切な事例がない現象であるため、その論点整理すら十分にできていません。つい先日も、某首長の発言が物議を醸して大きく取り上げられたばかりです（10月17日、ここでは単に不登校問題というよりは、現在の学校教育信仰が根深いことを感じます。模倣的に輸入されたに過ぎない現在の教育システムが、日本で唯一守られるべき制度であると信じての発言のように思います）。そのような状況ですから、解決策についても定まった方向を作れる状況にないというのが実態ではないでしょうか。

海外では事例があまりない現象のため研究課題にすら上らず、日本で大きな問題となっているこの課題の発生因は日本社会の特性からきているためであると考えるのです。日本の研究者は、海外事例からくる理論については熱心に咀嚼し、あたかも自分の理論であるかのように国内で展開しているのですが、日本に特有の課題については分析視点すら定まらないという侘しい状況にあるようです。

日本社会の特質はタテ社会、そしてボトムアップという点などについて、つい最近少し書きましたが、今回、この本を読み進めるうちに、引きこもり現象は、さらに、ウチ、ソトの概念を組み込むとかなりはっきりとした説明ができるのではないかと、思い至りました。このウチ、ソトの区別というのはタテ社会であることからきています。

かつて地域社会に存在していた、緩やかな広がりの中で安定した人間関係づくりを体得できる環境が崩壊したのですが、それに代わる仕組みが明確に認識されないまま、現在に至っているように思います。そして、都市化、それに伴う核家族化という事態を迎えるようになった時、タテの構造が究極的に家族の中に凝縮されるケースが広範に現れるようになったのではないかと、考えるに至りました。

人々の安定的なコミュニケーション環境として存在していた地域社会の構造が崩れ、従来とは違う都市の環境において、核家族自体が今までのそれに代わるタテ社会の単位となってしまう現象が広範に出てきてしまいました。すなわち、家族自体が1つのタテ社会となってしまったということです。家族自体を1つのタテ社会と捉えてみると、そこでは通常のタテ社会にあるような、さまざまな軋轢が、生じることになります。そこで現れるのは、歪なコミュニケーション環境と言わなくてはなりません。

この本の最初の提起は「家族をひらく」ということですが、自覚もない中でタテのままでソトに対して閉じた形で作られるようになってしまった家族を、ソトに向かってひらくということであると考えます。また、「まずは親子の対話から」ということが誤解であるというのは、この閉じられたタテの構造の中でコミュニケーションを進めても、歪んだ内部の構造を整序した状態に戻すよりは、むしろ増幅させることのほうが大きいということだと思います。

企業でも、さまざまな団体であっても、タテの関係が強くなると、果てしない内部抗争が起こりかねない状況になるということは、多くの方々が経験し、また見てきたことであると思います。タテ社会の抗争は止まることのない争いに行き着くことがいくらでもあるのです。これが、タテ社会としての家族の中で起きたらどういうことになるかは、今までの事例でさまざまな形で示されてい

るところです。つまり、地域社会に代わる新たなコミュニケーションのトレーニングの場が、核家族化した都会生活の中で存在していないことが、最大の問題なのです。

　この結果、子どもたちが当たり前のコースと認識して、ソトとしての学校へ通うようになると、ウチで作られた意識との間の大きな隔たりに突き当たり、不登校となり、学業を終えて組織に勤めるようになると、適応できず、引きこもりの生活に退避するしかなくなっていくのです。

　二神さんの長年の取り組みは、その閉じられた家族というタテ社会の出口をこじ開ける実践であると言わなくてはなりません。そのためのツールの１つが「レンタルお姉さん」・「レンタルお兄さん」という導き人であり、もう１つが、「入寮」という日本的なコミュニケーションを回復できる環境を用意することであると思います。これらの活動を通じて、閉じこもった家族という殻から繋がりを持った世界に引き戻すというか、そうした環境を通じて日本的な生き方を獲得をしていく支援をするということです。

　フリースクールも、教育という視点を超えて、育つ家庭の子どもたちに不可欠なコミュニケーション環境を作り出そうという、切羽詰まった取り組みと考えることはできないでしょうか。

「子は親の背中を見て育つ」

　日本では「子は親の背中を見て育つ」ということが言われてきた。欧米型の面と向かった（子と向かい合った）しつけの発想とは真逆のものである。これは、先に述べてきたような言語の違いに由来している面が大きい。「自発性の自覚」が最も大事である日本語社会では、親の「しつけ」を強化することで子どもを萎縮させていくばかりである。親が「学校の教師」に代わっても同じことである。自己主張言語の世界とは違うのである。

　日本語社会の難しさとして、成長過程で日本語の特質を経験的に取得することに今まで失敗してきた歴史がある。無意識の中でのトレーニングのため、教える側にその認識がないのだから、結果は推して知るべし、である。

伝統的なコミュニティがあった〜日本語環境としては極めて重要

　子どもたちは、経済成長前はそれぞれの地域にいたわけです。地域にいて、それぞれの地域にはそれぞれ**伝統的なコミュニティがあった**と思うのです。

　これはガキ大将から泣き虫の子どもたちまで、いろんな人が一緒になって遊んだり喧嘩したりしている社会であったわけです。一見特別の要素が何もないと思われるこのコミュニティというのが、日本語習得環境として極めて大事なのだと言うことを知ってもらいたいと思っているのです。日本語の持つ特性から考えると、**これが日本語環境としては極めて重要**である、というのが私の考えなのです。自分一人、あるいは親との一方的な対話の中では習得は不可能なものと言って良いと思います。非常に特性のある日本語という言葉の使い方を、一定の時期にこのコミュニティで学んできたのです。

　日本語というのは敬語の世界ですから、同じコミュニティで同じような年代がいろいろやっているにしても、全く同じ年代というよりは、いろんな年代がいっぱい入っているのが普通です。

　ですから、そういう人たちの間で話をしているときに、相手の言っていることがいいとか、悪いとか文句を言ったり、言い合いしながら自分と人との付き合い方を学んでいくわけです。日本語習得環境として欠かせない場であったのです。しかし、我々はそういう環境で生活していたことを自覚していないのです。そんなことは当たり前だと思って生活してきて、高度経済成長期になった時に都会へどんどん個人として、あるいは家族単位で移動し、高度経済成長が終焉した時には、すでに核家族化した構成による都市社会が一般的になったのです。

　都市社会が一般的になったときに、それではコミュニティはどうなったのか。海外のものにはなんでもとびつくのに、自らの社会がどのように変わったのか、分析をする人はあまりにも少ないのが実態です。

そして、学校へ行った瞬間に大変なことになる。同年代の学習環境ですからね。これはもとあったコミュニティとは違うのです。同年代というのは競争関係のるつぼです。

しかも言葉を学ぶということで、国語という科目はあったかもしれませんけれど、要するに、知識を吸収するということが基本です。それをよく吸収できて、すぐ覚える人が優秀だとなっていく社会が作られたわけです。これは基本的に学年単位、たまに運動会で交流したりすることもあるかもしれませんけれど、基本は同年代の世界ですから、競争関係にあるとも言え、潰してやりたい対象になることもあるわけです。

そういう環境になっていったのですが、意識しない中で培われてきた時の形は、認識の外の話だったので、誰もそういうことに関して問題提起している人はいないのですね。

コミュニティがなくなって、それに代わるコミュニティは作られていないわけです。気が付いていないのですから当然の結果です。

高度経済成長期が進んでいく時代の中で、不登校はどんどん増え出してきて、1990年代から統計が取られるようになりました。

小中の義務教育に関して統計がとられるようになって、その後しばらくしてから高校に関しても統計が取られるようになった。統計を取らざるを得ないような状況が生まれていったのが実態です。

だから日本社会の日本語というものからもたらされる特質というのを理解しないで、高度成長の経過でどういう社会の変化が起きたかということの認識がないまま、日本は現在まで至っているということなのです。だから、子どもたちの中では、学校へ行けなくなる不登校が生まれる素地があるのです。

私がなぜそう思うのかというと、学校に行けない子どもたちがフリースクールに行くのですよ。なんで、学校でなければいけるのかということですが、そこにはコミュニティに近いものがあるからだろうなと思うのです。

学校は教育の場になってしまうから、伝統的なコミュニティとは違うのです。そしてコミュニティを作る環境が現在の都市社会の中にはどこにもない。学習塾とか習い事の場には多少ありますね。最近は学童保育なども一般化してきていると思うのですが……昔は学童保育で子どもたちに変なことを教えられるといけないという発想があって、学童保育も白い目で見られていたような面があるのですけれど、最近はもう一般的になってきているわけです。背に腹は変えられないということです。学童保育には多少そういう面があるのですけれど、先生方がコミュニティの意義というものを認識していないのですから、かつてのようなコミュニティとはならないのです。要するに、子どもたちをいかに世話して一定の時間を過ごして問題なく送り返しするようにするかということがメインで、そこの中で子どもたちがどういう言葉環境の中で育つかということを客観視しようという発想は、あまりないのです。

核家族化した今、基本は両親が面倒見なくてはいけない時代になってしまっている。学校への要求がやたらと強くなってきているのは、限られた世界での子育てが一般化した結果です。子どもを守るという親の意識が前面に出て、学校への要求の高まりとなって出てきている。しかも、母親が必死で子どもを面倒見て学校へ行くようになるところまで育てあげたが、学校へ行き出したら途端に不登校になってしまうというふうな現象も出てきて、親も学校へ行きなさいとしか言えないし、なぜ不登校になるのかわからず、子どもの我がままみたいな視点で捉えざるを得ないわけです。

しかし、基本的に日本の社会のコミュニティがなくなって、子ども環境が様変わりしてしまったということを認識したら随分変わってくると思うのです。コミュニティの存在というのは日本語社会にとってそれほど大事な環境であったと、私は捉えています。

コロナ禍における不登校の急増

今回、コロナの時に不登校が跳ね上がっていますね。2020年以降ものすごく上がったのです。これがまさにそのことを示している例として見ることができるのではないかと思います。要するに、コミュニ

ケーションを取れない期間ができてしまって、それだけで学校に行けなくなってしまうという状況が作られている。コロナ禍の後遺症はそういうところにも出てきているわけです。

　このことは、日本語の場合のコミュニケーション環境の不在が直接的に現れた、象徴的な現象と見なければなりません。

　この問題については少しずつ解消していく可能性はあると思いますが、今のところ、コミュニティの問題だという認識があまりされていないので、元々の高止まり状態は続いていくと思います。

　それを変えようと思ったら、多年代型の教育をするとか、あるいは多年代が一緒になって人間関係を作る場（コミュニティ）を作るとか、そういうことをしていかない限り、この状態は日本の場合はなくならないというのが私の思いです。

　だけれど、これを原因と捉えて方策を考えれば、変わることはいくらでも変わりうるのではないかと思うのです。こうした視点に立ってみれば、解決策はあるということがわかると思います。

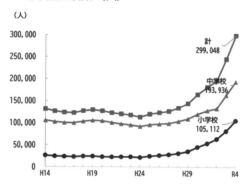

令和4年度 児童生徒の問題行動・不登校等生徒指導上の諸課題に関する調査結果の概要より

8 これからの日本社会への希望
～ポスト産業社会の構図をどのように作るか～

　現状では新たな方向を見出すのは難しいことばかりであるが、しかし展望を持っていなければ希望も生まれてこない。私は、日本語社会はその特質をきちんと認識しなければ、問題ばかりが大きい社会になっていき、八方塞がりで展望をもてないようになっていく可能性が高いが、きちんと認識するならば、他国にはない可能性を持った社会環境を紡ぎ出す可能性を持った社会であると思っている。自らの姿を正確に認識できれば、成熟社会という未踏の時代を切り開く大きな可能性を秘めているとさえ考えている。そうした点で、日本で生活する中で大きな夢を持って生きてもらいたいが、ここではささやかな私の未来展望を語りたいと思う。

1) 新しい公共の創出

新しい公共の確立

参照：「新しい資本主義」雑考
https://bit.ly/4cfJiEV

　一番最初は、これが一番私にとっては大事なのですけれど、**新しい公共の確立**という考え方です。

　維新は、民営化によって効率的な仕事を進めるという。だけれど、民営化によって企業に渡された事業というのは利益を出さないといけないわけですから、利益を企業を取るというだけの話であって、効率的になるかどうかの保証はないと考えた方が良いと思います。考えようによっては、公的領域の民営化を図ることによって、成熟社会で利潤機会の減った企業に新しい利益獲得の場を与えるという意味合いが強いのではないかと思います。金銭的な利益を生み出すだけが資本主義経済なら、供給力が需要を超えた時にそのシステムは終わりである。公的な事業を民営化して効率化しようなどというのは、通常の生産活動分野では限界が来たからだ。これは企業の利益創出事業のチャンスを拡大することによって、公共性を捨てる転換と言って良いと思います。

　ここでは、利益を出すことを前提として公を民間企業に委ねる新自由主義経済運営の逆の発想に立つ。

　今は、民間の非営利の世界で非常に公共的な仕事をしているというところがたくさんあるわけです。活動組織がいっぱいあります。そういう活動を新しい公共として概念的な位置づけをして、その人たちの活動を支援する方向に政府・自治体の運営方針を変えていくということが大事ではないかということで、私は新しい公共を位置付けたいと思います。需要不足社会では、こうした仕事をボランタリーな仕事の延長と考える発想を払拭して、積極的に公共はこれと連帯し、本格的な支援体制をとることがこれからの社会の展望を開くことになると考えるものである。

　これからは民間における効率的な活動経験を前提に、公共性を持った仕事を遂行しているという発想に立つのです。つまり、民間で今まで効率性を持って、もともと公共的活動をしてきたわけですから、そうした活動実績を踏まえて、新たに公共政策を担う主体として位置付けるということです。効率化のために、民営化ではなくその真逆の、公共性を重視した政策を推進することがこれからの方向になるのです。主として非営利活動の領域についての見方です。効率性と公共性の両方を踏まえた概念を持った活動を位置付けていくということです。効率的であるのは、何も営利企業の世界だけではない。

　公的視点に立って、非営利事業のうち、特に社会的包摂を推進する組織などを重視する。イタリアで始まった社会的共同組合や、多くの国で活動が活発化している社会的企業の領域、NPO活動などが現実に非常に多く存在している。これは一般企業におけるCSRを否定しているわけではありませんが、そうした活動と一線を画し、実施している事業目的自体の意義から公共性を考えるということを意味するも

のです。政府の役割は、民間で活動する公共的な活動組織と連帯し、その活動を支援することによって、社会的な安定と活性化を図っていくことである。

今までは、献身的努力に便乗して安上がりで済ませることを考えてきた。しかし、成熟社会では、ボランタリー精神を誉めているだけではなく、そこでの生活の根拠を確立することが、資本主義経済の好循環を作り出していくために不可欠の時代になっているという考え方が必要なのだ。

これはマクロ経済の考え方に発し、需要力を高めるための貢献にもつながるものとなります。政府がこうした活動を本格的に支援する方向に舵を切ることを意味します。これらを主導するのは営利企業ではなく、非営利の組織（協同組合や、共済組合、NPO など）である。これからは、政府・自治体などが一体となってこうした組織と連帯し活動していくことが、経済的も転換の実を挙げ、大きな可能性を持つことになる。

公共的事業の民営化が効率化をもたらすか

水道事業をはじめとした公共事業の民営化が進んでいる一方、先をいっていたはずの欧米では再公営化の動きが大きくなってきている。これからの民営化は、究極的な形はともかく、再公営化を睨んだものとしていかなければ、一度人が散ってしまうと、失われたノウハウを持った人材の結集や事業に関する具体的なノウハウの再集積化はできないということになるのが間違いない。何よりも、民間企業向けの民営化は、受けた側はそれで利益を出す前提で受けるのであるから、市民の側にとって効率的に進められるという保証はないのだという認識が必要である。

かつて役所に勤務していた頃……高度経済成長が終わり、都市への民族大移動も終わった頃で・・・都会へ出る若者も完全に峠を越していた。初めて都会に就職をした若者たちが都会で健全に生活を構築していくための手助けとして行われていた青少年健全育成部所もその役割を終えたとして、事業所の廃止が進んでいる時期に青少年指導者研修機関（青少年総合研修センター）に勤務した（1997 年〜 99 年）。しかし、この時期は同時に不登校や引きこもりの問題がかなり大きくなっている時期でもあった。前者（就職先を求めて都会に集団就職で集まった若者）のための健全育成に向けたノウハウは、後者（不登校や引きこもりになる若者たち）に活用できるのではないかと考えたが、すでに既定路線として組織の廃止に向かっていて、たくさんあった組織も 1 箇所のみが残る状況であったため、流れを変える問題提起をすることすらできなかった。初めてこの部門に勤務することとなって、残念ながら前後もよくわからなかったというのが実態だった。組織全廃の後つくられた記念誌を見て、まさに今活用できるノウハウだと感じたが、青年の家とか青少年会館に勤務していた指導者も学校に戻り、また他の行政部門に移り、ノウハウを持つ人材は完全に消滅した。それまで積み上げられたノウハウをどう活かすかという中長期を睨んだ視点を持つことが重要であるとつくづく感じた。

郵政民営化の失敗

郵政民営化は、結果的に大きな失敗であったと考えるようになりました。多くの方々が、この件について発言するようになっているようですね。

何よりも、民間の事業者に比べて、サービスの質がかなり落ちる状況になってきているということが言えます。土曜日配信を止めた結果、著しく普通郵便の配達が遅くなった印象を与えるようになりました。

その上、予定されているハガキや封書の相当額の料金値上げはその失敗を裏付けているような状況です。インターネットがこれだけ普及するようになった現在、これでは通常でも減少の一途を辿っている年賀状による年始の挨拶は致命的なダメージを受けることになると思います。

常々とても不思議に思っているのは、特定郵便局の仕事のスタイルについてです。日本社会はボトムアップ社会であり、活動の現場（人によっては末端というかもしれません）が最も大事だと思っているのですが、3 つに分割された会社の社員は特定郵便局の中でどのような仕事スタイルになっているのでしょうか。特定郵便局の中で仕事をしている人は、特定郵便局の社員なのでしょうか、3 つの会社の社員

の混在している組織なのでしょうか。仕事の分担の仕方がどうなっているか想像するだけでも、どう見ても効率的な仕事が進められる状態ではないように思います。日本の組織の特質（お互いが常に支え合う仕事スタイル）を完全に消し去るような仕事スタイルが、ここにはあるような気がしています。

郵政民営化は、巨大資金を抱えるようになった郵便事業のお金を、多国籍企業に匹敵するような活動に向けて活用できるようにしようとしたのかもしれませんが、それ自体時代を見誤っている判断であったと思います（公共事業体を民営化するということは、民間事業者として本来であれば公共的に還元されたはずのものを、利益として株主配当に回していくだけのものです。非効率性を口実に、株主への配当に回す民営化であると考える必要があります。株式の多くを外資に取られるようになれば、たとえ過半数を国が持っていても、外資の配当圧力を無視することはできません。）。もともと郵便事業は零細な国民の資金を集約して、日本経済の発達に向けて集中投資することが出来るようにしようとしたものだと思っています。ノウハウの共同学習を行う環境もあまりないのではないでしょうか。

しかし、日本経済が発展を遂げ、20世紀後半に成熟段階に到達した段階で、その方向性を大きく転換する時期に入っていたと言えると思います。ここで蓄積された資金は、地域の発展に還元できる体制に組み替えることができたはずなのです。それぞれの地方において、多種多様なニーズが存在しているわけで、そこに投資をしていく仕組みを地域の人たちと考えていく、それこそが、郵便事業の新たな幕開けとして可能だった時期があったのです。地域再生で手の上がったところに、公共として資本投下をしていく、新しい公共の最も有力な担い手になったと思います。

しかし、巨大資産の活用について、従来の発想の延長としてしか発想することができなかった、その結果・ツケが現在の状況ということになります。これは新自由主義の惨めな結末を象徴している例と言ってよいでしょう。

２）職業移動の自由の拡大　そのための公的な環境における IT 教育

ヨコ型職業移動の仕組み

２点目は、タテ社会における**ヨコ型職業移動の仕組み**を作っていくことです。要するに、日本人はこの道一筋というのが得意で、また、それが非常に評価され、政府や自治体の表彰の対象として大きな位置付けをされてきたわけですけれど、今後も大事な働き方ではありますが、現在はこの形自体が岐路に立っていると考えます。この道一筋でやってきた人が、別のところに移る契機というのは、タテ社会では、もともと難しいのです。この道一筋でやっていけるのかどうかです。

タテ社会なので、今までは職業教育は大学を卒業して、就職した組織の中で教育をする面が当たり前と思われてきました。仕事に関する人材育成の多くは、組織の内部人材育成みたいな形でやってきたわけです。しかし、事業の盛衰の中で、今までの仕事が続けられない状況が生まれた時に、職業移動はつきものだが、今までタテ社会の組織内で行われてきた深掘り型トレーニングシステムは、職業移動を極めて難しいものにしている。一般的に、組織内で別の組織へ移ることを前提に、新しい職業訓練教育をやることはあまり例がない。

様々な業態の盛衰はこれからますます激しくなっていくことが予想され、これからは職業移動を前提とした人材育成システムを根本から考え直す時期に来ていると考えざるを得ない。これからは、働きながらいつでも新しい事業分野へ移動できるという備えをしておかないと、「インボイス」制度みたいなもので、強制移動に追い込まれる状況に立たされることになるのではないか。

今まで従事してきた仕事から、新たな仕事に移るとき、技術力の追加がなければならない。もともと今の学校教育では、仕事に就いた時のノウハウの教育を受けているわけではなく、組織に入ったのち具体的な専門実務研修を受けて仕事をこなしていくのだが、そこで培われた能力は、転職する先で役に立つとは限らない。ビズリーチの宣伝は、既存の卓越したノウハウの所持を前提としたものということで

発信している感があり、新たなノウハウの追加が必要となるケースを考えると、必ずしも実際の妥当性を欠いている。国として様々なタイプの新たな仕事の研修を、非営利の形で全国的に展開し、新たな分野の能力を取得して業態を移ることを可能に出来るような取り組みが、特に日本では必要である。

その場合にこれはやや手前ミソかもしれないけれど、IT を使う可能性を追究することが、これからは大事であると考えています。IT 技術というのは、どんな業態にでも使えるメリットがあるのです。IT を使うということによってヨコ移動が可能なノウハウを身につけることができる。そうした前提で、IT についてきちんと最新のノウハウを教え、避けなければならない課題を教える機能が、今や最も大事な局面に来ていると考えるところである。

もちろんこの道一筋事業の新たな展開にも効果を発揮すると考えています。熟知した仕事であれば、これを IT を活用した形でどのようにすれば、新展開可能かといったことを考えることが、IT の面白さでもあると考えるところです。

だから、それをきちんと教育をする形で、必要に応じてヨコ移動が可能な仕組みとして採用していく。今は新しい分野の事業をなんでも民間に任せるのが当たり前のような状況ですが、これはやっぱり高等教育機関、あるいは公的な組織の役割だと思います。それを教育する場合はどこでやるか、少なくとも非営利の世界でやることが大事だと思うのです。ヨコ移動可能な教育をする機関というのは、組織内で持っていてもヨコ移動は可能にならない。それをやる専門機関というのは外部で、公的に持たないといけない、というふうに思います。果たして公共として実現を図る体制をきちんと作れるか、かなり不安がよぎるところであるが……。

人材育成としての多年代型教育スタイル

子どものうちに敬語取得環境を構築し、意識せずに敬語を取得できる環境を全国に作り出す。日本語教室を日本人のために用意する。このためには、受験教育を徹底することよりも、多年代型教育を進める中で、いかに自発性を育てる仕組みを組み込むかを考えることのほうが、はるかに大事なのである。

この、多年代型の教育、あるいは多年代型のコミュニティを都市社会の中にどう作っていくかというのが大事である。とにかくボトムアップの社会ですから、トップの役割とはどうあるのかというのが極めて重要な問題であるというふうに思います。

大学にいたときは教育として特に教わったってことはないのですけれども、トップダウン型のことをなんとなく教育されているのです。それが役所に入ったその日に、ボトムアップという環境に晒されたわけです。

だから、全然違うことを大学で教わってきているわけです。トップダウンというのは、日本の組織との違いがなんであるのかということを、ちゃんと教育の中に入れ込んでいかなければいけないのに、それが全然されてないというのが今の日本の教育のシステムと見ています。

ボトムアップの形を活かしながら、IT システムを考えるやり方は、どうすれば良いか、ということぐらい教育の中に入っていなければなりません。もっとも日本社会の現況の姿に関する教育がカリキュラムに入っていない中では困難と言わなければなりませんが……。

3）これからの中小企業政策

中小企業王国の再生。

今日本はインボイス制度というのを聞いている方も多いと思うのですけれど、インボイス制度で中小企業は四苦八苦しているのです。もうこれまでやってきた仕事を廃業てしまおうという人がだいぶ増えてきている面があると思うのですが、これが制度を作った側の思う壺でして、中小企業を廃業させて労働力を吐き出させて、人手不足の中で安く使える労働力として使うようにしようと思ってやっているの

ではないかというのが、私のやや陰謀論的な発想です。

　そうした現状ですが、中小企業は、日本社会の特質に非常によく適合している存在であり、これを何より
も大事にしなければならないと私は考えています。中小企業でそれぞれの持っている個性を生かしてこそ、
日本社会が繁栄していくベースになるのです。それをどうするかということを考えなければいけない。

　別のところで書いておきましたけれど、大阪で関西生コンというのがあったのですけれども、関西生
コンは潰されてしまいました。なぜ潰されたかというと、維新政権が潰したのであり、維新に迎合した
警察が関西生コンを潰したと言って良いと私は考えています。
　関西生コンというのは中小企業連合体なのです。生コン業界は大手に挟まれた中小企業連合体だった
のです。片や建設業界です、生コンを必要とする建設業界、片やセメント業界、セメントを作る大手、
この間に挟まれた中小企業で、いつも両側から攻められていたのです。そこで、関西生コン業界では連
合して協同組合まで作って連帯してやろうとしたのです。やっていたのですけれども、新自由主義に取
り憑かれている維新の政権が継続する中では、企業利益を損なう不快極まりない存在に見えたのでしょ
う、それまでの活動に反旗を翻す人間を、協同組合の中に仕込んだと思われます。それでその人たちが、
それまでの生コンの仕事の進め方に対して、既存の権力と連携して反旗を翻して、生コン業界の今まで
の作ってきた構造を全部潰してしまったかたちです。ほんとうはこれがこれからの需要拡大を目指す価
格形成に非常に寄与してきたのにこれを権力で潰してしまったのです。これからの社会で生産活動分野
だけでなく、需要力を高める分野の中小企業の活動として先端を行っていた仕組みを破壊し尽くしてし
まった。要するに建設業界には安く提供するよう責められる、セメント業界からは、高く買うよう要求
されるということになってしまったわけです。ものづくりだけを至上とする、時代遅れの観念に基づく
ものでした。これが作る方にだけシフトしている新自由主義経済の実態なのです。

　しかし、関西生コン業界の行動というのはこれからのあり方についての一つの事例になると思うので
す。これからの中小企業が連合体を作っていく方法が、あるという考え方です。
　中小企業は生産性が低いから、統合を進めて半分にするなどといったようなことが罷り通っていますが、
日本社会では暴論に過ぎないと思っています。　日本人はもともと「この道一筋」で仕事をすることを得意
としてきた民族ですから、合併させたり、転職促進などといったことは逆に生産性をさらに低くさせる可能
性が高くなるとどうして考え及ばないのでしょうか。今更、安い労働力として雇用できる環境を作り、利益
が確保できさえすればいいという発想で、経済循環が進み成長などがあると思っているのでしょうか。

中小企業をヨコに繋ぐ＝ITの活用

　これにも中小企業の再興のためにという点ではITが使えると私は思っています。専門業態を持つ中小
企業の連合体みたいなものを、ITをベースにネットワークしていく。だから、業態に即していろいろな
種類の連合体ができていいと思うのです。今は大企業の下請けで中小企業があるみたいな感じですけれ
ど、そうではなくて、ヨコの連携をして生産物を売り買いするところまでやっていく。
　現状におけるITに関する遅れも当たり前です。　基礎的な職業教育としてのIT教育システムも民間任
せで来ていることが最大の問題であり、民間任せもいい加減にしろと言いたいです。（ちょっと話がずれ
るかもしれませんが、）だいたい役所はITで一番遅れをとっているところだから、何をすればいいかわ
かっている人がほとんどいないと見た方がいいとさえ思っています。
　これからの中小企業が元の勢いを取り戻していくためには、ITを念頭にヨコ連携のシステムを作るこ
とを考えるのが大事ではないかと思っています。それぞれの「この道一筋」を尊重しながら、お互いの
不足部分を常に補い合うため、いくつかの専門業態に即したネットワーク群を構築することが望ましい。
それによってそれぞれの専門性を活かしながらお互いの不足をカバーしあっていくシステムづくりをす
る。システム作りは、業態による専門性を前提とし、将来のそれぞれの業態における技術の展望を持っ

たシステムエンジニアの協力を得る形で進める。中長期的にはそのくらいの展望を持って中小企業の活性化の道を探ることが必要だと思っています。大企業のようなピラミッド組織を作るのではなく、専門性を最大限活かすヨコ連携の仕組みです。

４）政治はソトか、ウチか

政治はソトか

すべての国民にとって、自らの生き死にに関わる政治は、ウチであるはずだが、タテ社会の構造が災いして、直接関わりがない時は、完全にソトの世界であると皆思っている。さらに悪いことに、政策作りは官僚が担っているという認識を持っているから、政治家がつまらない議論を繰り返しているとしらけて、関わりたくない問題と思って、なおさら政治の世界から遠ざかる。この結果投票へいく人がどんどん減っていくことになり、本来の国民の気持ちから外れた選挙結果を生み出すことになっていく。それまでの体制でなじんで政治をウチとして活動している、過去政党を利することになっている。

官僚の世界では、自らが作り運用する政策に人々から口を挟まれないために、「よらしむべし、知らしむべからず」ということをずっと実践してきて、本質的に今も変わらない。一番大事なことは国民に知らせないし、国会議員一般にすら知らせないということである。また、あわよくば憲法改正にかこつけて緊急事態条項を盛り込ませ、自らのところに権力の一元化のタイミング（内閣に権限を集中するタイミング）が来ることを密かに期待している向きがある。成熟社会では、少なくとも国家官僚が主導権を取る時代ではないにも関わらず、現在、自治体の権限を奪う作戦に出ている。これから進むべき道の真逆の方向を増幅させようとしているのが実態である。力のある政治家を籠絡し、自分たちの行動を強権的に進める体制というのは、それ自体自分たちが非難している独裁的国家への道筋を準備していると言って良い。また、多様性を封じる結果を導いて、自分たちの権力の維持・拡大だけのために、私たちの未来を閉ざす行為となっている。

全体の奉仕者

政治家は自ら支援を受けた利害団体の利益のために部分の奉仕者として活動することを当たり前と思っている。しかし選挙で選ばれた瞬間から支援団体の利益代表から脱皮して、日本国憲法第15条における「全体の奉仕者」になってもらわなければならない。これは常識なのに、日本ではこの常識が通用しないのが実態で、議員自ら、特定支援団体の利益代表としか思っていない向きがある。一般の国家公務員を全体の奉仕者として位置付けてしまったために、自分たちはそれとは違うと思い込んでいるのかもしれないが、お粗末な限りである。

公務員制度を変える

戦後、民主主義制度の本格的導入により、外形的には政治の側が権力を持つ仕組みに変わっているのはお分かりのとおりです。しかし、行政の力がきちんと政治に移行したわけではない。実態は二重権力構造になっているとみた方が良いと述べた。この実態からいくつもの問題が生まれている。

では、この状態を変えられるのかと言うと、変えられると思うのです。

変えるためには、選挙制度をどうこうするのではなくて、公務員制度を変えるのです。公務員を政治家にしてしまうのです。特に、総合職公務員、執行だけを中心にやる公務員ではなくて、政策を作る公務員を、公費による政党スタッフに位置付けるのです。

選挙のときに党派によって議員数は違っていますが、その数に応じて下につく官僚を組み込むことができるようにするのです……政治家の卵という前提をつけるのです。

募集要項で、自分はどの党に入りたいかということを先に示しておいて、公務員試験の第一次試験は共通試験で一律にやって振い落としを行い、通った人は、今度は政党会派の試験を受けて、現在の議員の人数に合わせてとりあえず、公費で給与を払う公務員の数が決まる。この一次試験では外部圧力を排した形で、厳正に行われなければならない。このことにより、単に記憶力が優れているだけで選抜されてきた仕組みから、一定の政治志向を踏まえた人材が受験するように変わっていくでしょう。

　それ以上を雇いたければ、政党の自費で雇うというぐらいにしていけばいい、つまり総合職の政策を作る公務員を政策スタッフの一員として一体化するわけです。そうすることで官僚も自分の志に沿う政党を選ぶことができます。国士の復活です。そして公務員試験で能力によって振るい落とされますから、世襲化という形は徐々になくなっていくことになると思います。秘書上がりの政治家集団から様変わりすることになるでしょう。また、政治の側で公開の場で政策議論が交わされることになりますから、行政国家、あるいはディープステートと言われるような官僚群を作ってしまう可能性も大幅に減じていくと思います。これからの、他国にないような政治行政システムを日本では作れる可能性があると私は考えているのですが、いかがでしょうか……。

　入りたい政党を示して受験するということは、時代の流れの中で受験者がどのような志向を持っているか、知る機会になります。その時点での政党の人気度が示され、優秀な人材がどちらに向かっているかを測る機会にもなります。時代の先を見る先行指標のようなものと考えることもできます。

政策本位での選挙

　そうすれば、政策はすべて党が全体を網羅してちゃんと政策づくりをやりますよ、という形が出来る。私は、政策を作る者が権力を持っている、というふうに言っています。そうした視点からすると、民主主義制度を導入した現在の政治構造は官僚と政治家の二重権力構造になっていると思っているので、この変更により政治権力に一元化した後は政策を作るのは基本的に政治家になります。

　そうするとマニフェストも生きてくるし、政策本位での選挙が行われるようになるという風に思うし、財政支出も野放図な形にはならず、歯止めをかけることができるようになるわけです。金（カネ）のかかる選挙の形は変わっていくことになるでしょう。

　今のままでは小選挙区もどこかの国の真似してやってるのだと思うのですけれど、そういった時には、日本では人を選ぶ選挙になってしまって世襲化を促進するだけ、また、二重権力の双方が財政要求をする形は避けられないので、赤字がどんどん拡大する。変えるためには、上記のような仕組みを考えるぐらい大胆でなければならないと思うのです。今の状況は、積極財政論のはるか前の状況ですが、今の構造を継続する限り、日本はプライマリ・バランスを実現し、財政赤字を解消できる政策を作ることはまず無理であり、このままいけば国家崩壊にもつながることもありうると思うところです。

　ところで最後にもう１つ、日本社会の構造で、与野党対立の構造が二大政党制であるかどうかという点です。政党間の合従連衡が行われて政権与党と野党ができていくのですが、日本社会では二大政党制というのは、人々の意識にマッチしているものなのかどうか、将来的に今の与党、野党の形が妥当なのかどうか、ということです。保守というのが現代社会で何を意味するのか、考えてみる必要があるのではないかと思います。現代は、保守・革新の区分での対立というより、企業社会重視か、市民社会重視かという対立点の方が、争いのポイントとしては妥当な時代になったのではないかという気がしているところです。前者であれば、現在の新自由主義、企業の成長による経済の成長・トリクルダウンを議論する政治ですが、後者の場合は、後で少し述べるような、「社会的連帯経済」の考え方をベースにしていくということになります。社会的連帯経済は、資本主義経済を全否定しているというよりは、それだけではなく非営利で活動する様々な領域も含み込んだ、社会全体を視座に置くイデオロギーであることは確かだからです。

緊急事態条項の発想の誤り

　ところで現在、憲法改正の議論の中で、緊急事態条項を盛り込もうという意見が保守政党を中心にかなり強い形で出てきています。そうした考えの方々は現憲法では非常事態に対処することができないと考える向きがあるようです。コロナ禍のようなものにすら的確に対処できなかったのだから、最後はこれしかないというのでしょうか？

　これは、実質的に明治初期の国士の時代に戻ろうとする見方であり、実質的に政治を排して、行政独裁を作ろうというものになると思います。コロナ禍にすら対処できなかったのは、実はボトムアップの行政構造に政治が依存しているからでしかありません。緊急事態に対処できない官僚制に権力を委ねることは、結果的に側用人システムになるしかないのです。ごく一部の本来は権限を持たない官僚あるいは側用人に非常事態対応を委ねるわけですから、正しい判断がなされる可能性はまずないと考えなければなりません。結果的に多くの人の生命財産がその人たちの手に委ねられるだけになります。責任主体の意思決定にならないのです。権力志向の官僚や政治家の一部は、勝手気ままができるので大喜びであろうと思いますが、こうした制度に依存した場合は国家としての崩壊を早めることになっていくことは間違いありません。

小さな政府・大きな政府論を乗り超える

　政府の役割を拡大して大きな政府を目指すのか、極力民間のエネルギーに委ねる方向で、小さな政府を目指すのかということが当たり前のように議論されているが、こうした議論は実りが少ない。予算編成の仕組みを変え、ボトムアップ型予算に代わる仕組みを作ることが第一で、そのことにより、既存予算の柔軟な変更を可能にするかたちにすれば済むことです。

　むしろ問題は、政府の政策が直接市民に届く政策を推進するか、あるいは今までのように企業への注力を通して成果を企業に求め、そこからのトリクルダウンで市民に及ぶ形を選ぶかという2分法で考えることの方が現在は適切である。成熟社会になった経済では、企業は自律、政府は直接市民に届く政策を選択することが妥当であると考えている。このことはマクロ経済における需要力の拡大に結びつくと考えるからである。需要力を供給力とバランスするまで引き上げるという発想をどうして持てないのだろうか。そうするための政策はいくらでも出ているのに……というところです。

5）地方の時代〜地域が主役の時代をめざす〜

「地方の時代」の実態を作る。

　「地方の時代」は私の役所にいた時の知事、長洲さんが作った言葉で、一時は地方の時代というのは全国に広がったのですけれども、今はもう誰も覚えてないというような状況かと思います。

　これから先は未踏の時代、そこでは地域の活動が極めて重要になるのです。なぜ重要かというと、アイデアが出てくるのは現場なのです。今までは海外事例を吸収してきた官僚が運営していればよかったかもしれないが、先例のない社会であり、先例に倣うノウハウの枯渇した状況では、官僚依存で進めることが出来るわけがありません。これからは、多様性に溢れるそれぞれの地域特性、あるいは課題を持って活動しているのはそれぞれの現場です。成熟社会では、画一的な政策を押し付ける時代はもはや過ぎ去ったのです。現場からアイデアをもとにそれぞれの地域特性を持った政策を実施するような政策転換が必要なのです。

　だから金の使い方も、国から言われてこういうふうに使いなさいではなくて、地方からの発想で、コレコレの金が必要だから、国は資金提供しなさいというふうに変えていくような時代だと思うのです。そういう意味では、「地方の時代」というのはこれからむしろ非常に重要なあり方だと考える。

　以下、自治研かながわ月報に投稿した「地方の時代と長洲県政」を転載させていただきます。長洲さんの政策については、最初の立候補時点（1975年）でほぼ全て提起されており、またその後の成熟社会

を的確に見通したものであったと私は思っている。しかし、まだ一般には高度経済成長の夢冷めやらぬ時期であったため、その時は広く受け入れられたと思うが、退任とともに、全体は急速に揺り戻しがきた。少し時期が早すぎたということかもしれない。タテ社会をヨコに繋ぐ仕組みがない中で考えられた仕組みであったため、本格的にソトに浸透していくことができないまま忘れ去られたのかもしれない。

「地方の時代と長洲県政」

自治研かながわ月報 No.157 より（一部変えています）

1　長洲県政誕生前後の時代背景

　このシンポジウムの開催された 2015 年を起点とすると、長洲さんが神奈川県知事に初当選されたのはちょうど 40 年前の 1975 年、それから 5 期、20 年間知事を勤めて、20 年前に退任され、その 4 年後の 1999 年に亡くなられている。

　現在は長洲知事就任から 40 年を経過しており、就任から 20 年間にわたるさまざまな政策展開は、既に歴史的評価の段階に入っていると言ってよいと思う。

　何よりも、この 40 年前から 20 年という時期、そしてその前後の時期は、日本社会が大きな転換点を迎えた時期であり、特に国際的関係の中で大きな岐路にあったことがわかる。

ドル・ショック

　1971 年 8 月 15 日にアメリカ大統領ニクソンによるドル・金の兌換廃止、及びドルの引き下げ、いわゆるドル・ショックがあり、1973 年更なるドル引き下げが行われるとともに世界的に変動相場制への移行が行われている。円はそれまでの固定レート 1 ドル 360 円から 308 円、さらには変動相場制に移行して 200 円台に急激に円高が進んだ。第 2 次大戦後、4 半世紀はアメリカの 1 極支配が続いたが、1970 年代を迎える頃には、敗戦国であった日本や西ドイツの経済成長が著しく、相対的にアメリカの経済力は低下し続け、貿易赤字国に転化し、金との兌換を維持することができなくなった結果である。

オイル・ショック

　さらに 1973 年には石油輸出国機構（OPEC）加盟産油国のうちペルシア湾岸の 6 カ国が、原油公示価格を引き上げるとともに、アラブ石油輸出国機構（OAPEC）が、原油生産の段階的削減（石油戦略）を決定し、日本では突然の値上げに直面して、狂乱物価が支配する状況となっている。

バブルの時代

　また、1985 年 9 月 22 日のプラザ合意により、さらなる円高が進み、いわゆる円高不況を経過する中で、金融緩和とともにバブル状態となった。1990 年、バブルがはじけることによって、日本は失われた 10 年、そして 20 年へと入り込んでいくことになる。

　このように、国際的に見てものすごく大きな時代の転換期に長洲知事は誕生し、政策展開を進めている。

　今から見ると 1970 年代そのものが、日本が高度成長社会から成熟社会に入る、そうした転換の時期に重なっていたことが、いろいろな資料からうかがえると思う。

　鳴海先生の「日本の経済成長率と神奈川県人口の推移」のグラフをご覧いただきたい。長洲県政誕生の年、1975 年の県人口は 620 万から 30 万、それが退任される 1995 年には 800 万を超える状況になっている。一方経済成長率は、75 年から 95 年という時期は、その前の年代に比べると大きく落ちており、高度経済成長から中成長の時代（一般には安定成長の時代と言われている）に明らかに移っている。そして 95 年以降はさらに落ちて低成長時代（経済停滞期）となっている。

ドルショックからオイルショックという大きな衝撃に始まり、プラザ合意からバブルへと繋がっていった時期は、ちょうど成熟社会へ向かう過渡期であったように感じられる。この時期に転換を進める政策の成否がその後の社会の姿を決めていく、そうした時期であったと思われる。長洲さんは時代の大きな転換期を見てとり、新たな政策展開を目指して知事となった。そして、「神奈川が変われば日本が変わる」として果敢に転換を試みる新たな政策を展開した。

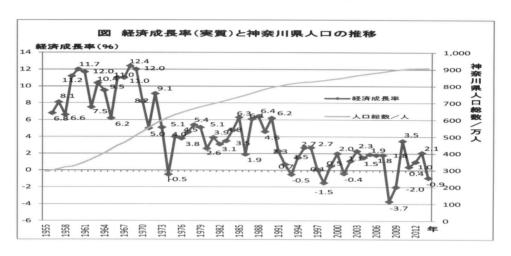

2 長洲県政の諸政策

長洲県政における主要な政策としてあげられるものは以下のようなものがある（表1）。

表1 長洲県政のおける主要政策

1) 地方の時代の提唱（1977）、地方の時代シンポジウムの開催（1978〜1994）
2) 民際外交（peple to people diplomacy）（1975）、
3) 社会計画としての新神奈川計画策定（1977年度）、第2次新神奈川計画（1986年度）
4) 県民討論会（1975〜）、地域別首長懇（1976〜）、法人県民懇話会（1977〜）
   市町村連合の事務局としての県政推進
5) 県民運動の推進
   ①ともしび運動（1976〜）
   ②騒然たる教育論議（1981）からふれあい教育運動（1983）へ
   ③みどりのまち・かながわ運動（1981）、かながわトラスト緑基金（1986）
6) 情報公開条例（1982）、職員の研究チームによる報告（1978.3）から条例化まで進んだ
   情報提供システム（1983）、個人情報保護条例（1990）
7) 行政の文化化（1978 文化のための1パーセントシステム検討 壁新聞「かもめ」創刊（1978）など
8) 地方の時代を支える職員の政策形成能力の成長を期し、各分野に政策課設置を進めた
   月例談話の実施（1975〜）、自主研究グループ活動の支援（1976〜）、職員による研究チーム（1977）、
   職員研究発表大会（1978）等
9) 頭脳センター構想の推進（1978提唱、産業の知識集約化、高度化を目指す）
10) 環境政策
11) 施設更新
    ①かもめ計画（県立病院の再整備）
    ②やまゆり計画（福祉施設の再整備）
    ③いちょう計画（職業訓練施設の再整備、ソフトを含む）
12) その他の政策
    ①高校百校計画推進（急増する生徒の進学機会を確保するため前政権からの課題を解決するため、
      百校計画を打ち出し、財政状況厳しい状況ではあったが1987までに達成）
    ②かながわ・くにづくりプランの推進（第2次新神奈川計画の中心課題の1つ）
    ③海づくり政策（SURF '90）
    ④緑陰滞在型国際交流施設、湘南国際村構想の推進

1975年の立候補に当たって、長洲さんは今でいうマニフェスト、「新かながわ宣言」（表2）を出している。

また、知事となってすぐに職員に向けて庁内放送で月例談話をするようになり、これは5期20年にわたって続く。この記録は出版社ぎょうせいから「燈燈無盡」というタイトルで各期1冊、全部で5冊の本として出版された。

そこでの1期目のテーマ（表3）を見ると、「主要政策」に記した主な政策は概ね既にその時点で提起されていることに気づく。

つまり、長洲さんは成熟社会に向かうべく転換の方向を明らかにする基本的な構想を、最初の立候補時点ですでに立てていたということである。

今振り返ると、経済学者長洲知事の、時代の先を見る目が鮮明に出ていることを強く感じる。

長洲さんは知事になられてからは、着々とその政策の実行をしていった。

表2　新神奈川宣言（目次）

－五つの転換・五つの原則－

はじめに　　620万県民によびかける
（Ⅰ）あすの神奈川像－五つの転換－
　　（1）安心して暮らせる神奈川
　　（2）連帯感に満ちた神奈川
　　（3）希望と創意と活気の神奈川
　　（4）子や孫に誇れる神奈川
　　（5）内外に開かれた神奈川
（Ⅱ）県政をどう進めるか－五つの原則－
　　（1）現場を尊重する県政
　　（2）わかりやすい県政]
　　（3）科学的な県政
　　（4）県民と呼応しあう県政
　　（5）地方自治の確立をめざす県政
むすび 神奈川が変われば日本が変わる

表3　知事月例談話のテーマ（長洲知事の1期目 1975.4-1979.4）

「燈燈無盡～地方の時代をきりひらく」（ぎょうせい　1979年8月発行）より

1975.4	県政を私と職員の「共同作品」に	1977.4	地方自治法三十周年と「地方の時代」
1975.5	県政に新しい発想を	1977.5	人事異動に想う
1975.6	財政危機克服のために	1977.6	二度とない人生だから
1975.7	県民と県政を結ぶもの	1977.7	神奈川を「自治体学」のメッカに
1975.8	転換期こそ問題提起を	1977.8	民際外交の旅
1975.9	中国との連帯の旅を終えて	1977.9	県政のイメージとスタイル
1975.10	今考える三つのWHY	1977.10	五十三年度予算編成に向けて
1975.11	住民参加への模索	1977.11	神奈川の「桐の木」を求めて
1975.12	時代の転換期への挑戦	1977.12	「世界の中の日本」を自覚
1976.1	「燈燈無盡」の心で	1978.1	春景色へ向けて「前進の年」に
1976.2	新しい時代は若い諸君から	1978.2	予算を花開かせよう
1976.3	システム転換とは	1978.3	折節の移り変わりこそ
1976.4	革新とは何か	1978.4	政治家の三条件
1976.5	新文風運動を	1978.5	神奈川を日本の「頭脳センター」に
1976.6	県民同士の討論の中から	1978.6	多元社会に生きる
1976.7	ともしび運動の目指すもの	1978.7	自治体学のあけぼの～シンポジウム「地方の時代」～
1976.8	育てよう民際外交	1978.8	雇用と福祉型成長
1976.9	キー・ポリシーを考える	1978.9	「第三の道」は地方の手で
1976.10	見直そう婦人の役割	1978.10	行政に文化を
1976.11	自治体こそ文化創造の基盤	1978.11	ともに旅する仲間
1976.12	新しい時代へ勇気と英知を	1978.12	地域に根ざし世界に開く
1977.1	「展開の年」へ向かって前進を	1979.1	神奈川に「草燃える」
1977.2	新時代に対応する行財政を		
1977.3	二十一世紀を展望する社会計画へ		

「燈燈無盡」について
いくらあかあかと燃えていても、一本のろうそくの灯は燃え尽きて消える。しかし、その一本の灯でも、それが次のろうそくへ、それがまた次へと、次々に灯をともし続けていくならば、尽きることはない。永久に無盡である。親から、友から、先達から灯を受け継いだ私は、誰かの心に、また灯を点じたい。自分だけはひとりで燃えているなどと思わずに、若い人は老人から、老人は若い人へ、それぞれが身辺の何人かに、みんなが互いに「燈燈無盡」の願いをこめて生きる世の中をつくりたい。

3　高度経済成長路線からの転換の方向としての「地方の時代」

　何よりも、取り上げるべきは長洲さんの提起した「地方の時代」という政治的スローガンであるが、そこには経済学者としての知事の経済の効率性に関する視点が内在的に存在していたと考える。

　高度経済成長時代は大量生産により、あまねく人々に物資が行き渡ることを目指した時代だが、行き渡るだけの生産が行われるようになって成熟社会に近づいた。そうなると、集権的制度の中で国家が一律に方向性を決め動かしていくことは、もはやたいへん非効率であり、無理にこれを進めようとすると大きな無駄を生み出す時代に入ってきた。国を司令塔としてこれに一途に従う構造は、もはや時代にそぐわなくなりつつあったのであり、それでもなお基本的部分での構造の見直しをしないまま押し進めようとすれば、多様な人々のニーズを抑制する結果となり、壮大な無駄の発生する可能性をはらむ。（ちなみに、ソ連は生産力が高まり、需要が主導する社会に入って、そのことに見合うシステムへの転換を図ることが出来ずに崩壊した。）

　長洲さんには、地域の自立した活動を促す仕組みを構築し、「地方の時代」を進めることが、はるかに効率的な社会をもたらすという展望があったと思う。それぞれの地域特性をさまざまな分野で生かしていくことが、社会全体の効率を高めることにつながる。ニーズは現場にあるのであって、国家が一元管理出来るものではない。

　また、1975年の新かながわ宣言の中ですでに述べられているのだが、「民際外交（people to people diplomacy）」を提唱している。Think global, act lokal とは成熟社会における、市民サイドの行動規範と考えることが出来る。「地域に根ざし、世界に開く」という表現もある。そして、市民の行動範囲として、ごく普通に海外の人々との交流が進む社会をイメージしている。これはまた、国家間の対立が不幸な抗争を引き起こしてきた今までの対外関係から、一転して人と人との交流を通してお互いの信頼を築いていこうとするあり方を表現したものである。

　この「地方の時代」と「民際外交」という提起は、国家主導による高度経済成長路線から成熟社会へスムーズに転換していくために、国家というものを相対化し、新たな転換の方向性を示す考え方として、提唱したと考えられる。

　第2次大戦の際、日本社会もまた破壊的なダメージを受けたわけであるが、それにも関わらず、戦後日本はある時期を境として成長軌道を取り戻し、高度経済成長を続け、いち早く欧米先進国と肩を並べるところまで進んだ。これは明治以来強化されてきた集権型による経済成長を目指す仕組みに立ち戻って、経済運営を進めることが出来たためと言える。

　しかし、日本の経済成長が進んだ結果として、1970年代には国際環境の大きな変化が作り出され、そのまま持続していくことが困難な状況が生まれてきた。同時にそのことは、そうした集権型成長システムの構造を転換するチャンスでもあった。長洲さんの打ち出した「地方の時代」と「民際外交」というコピーは、このことを象徴的に示すものであったと考えられる。

　この2つを従来型の高度経済成長路線からの転換の戦略的な方向性として考えると、長洲県政におけるその他の政策も非常にわかりやすいものとなる。

自治と連帯の社会へ

　集権型の統治の形から、いわば、市民一人一人を基本においた政策展開へと強力にシフトさせている。これは、経済学的には供給サイドの発想、生産する側からの発想から、使う側の需要（ニーズ）に見合う仕組みの構築へと180度の転換に繋がるものである。

　参加型社会を目指し、共同作品とするべく取組んだ、社会計画としての「新神奈川計画」策定や、県民討論会、様々な団体・組織との懇談会の仕組みの導入などに端的に表れている。また、3大県民運動とも言われる、①ともしび運動、②騒然たる教育論議からふれあい教育運動への流れ、③神奈川トラスト基金へとつながる、みどりのまち・かながわ運動も時間をかけて進められていった。

「生活者」の心がしみ通り、脈打つ県政

　長洲知事は、就任したばかりの 1975 年 7 月、軽井沢での日本生産性本部主催のセミナーで、「地域社会と企業」というテーマで、いわゆる福祉見直し論を展開している。つまり、それまでの革新自治体が採ってきた、福祉関係の無料化路線に対して、そこからの脱却の必要性を強調している。これは論争を巻き起こすものであったが、このことも成長の限界の中でばらまき型の福祉から、人々の心に根ざした相互扶助型福祉の重要性を訴える、強烈な問題提起であった。

　この考え方はその後進められた「ともしび運動」に典型的に表れている。人は施しを受けるのではなく、自らの足で立つことで、自己の尊厳を維持することが出来る。特定の人が福祉の対象になる時代ではなく、誰もが、自らもそうなる可能性をはらんだものとして考えれば、自分がしてもらいたいことを人にするのは、人としてごく自然なことと考える。

自治体の自己革新を目指す

　また、行政の質的転換を図る最大の取組みとして、情報公開条例の制定が進められ、1982 年に「神奈川県の機関の公文書の公開に関する条例」として制定され、翌年 4 月から施行された。「文化行政」や、「行政の文化化」は、この情報公開条例より早くからとりあげられてきていたため、特に位置づけられていないが、この条例こそ、行政の文化化を進めるための最も強力な戦略であるように私には思える。

　自治体革新を進めるための職員の政策形成能力の向上については、先に述べたように、長洲さんは、知事就任直後から職員に向けて月例談話を通して語り続けたのを始めとして、自治体職員の力を蓄えるために、自治体政策形成能力の向上を目指す政策部門の設置（表 4）、

表 4　政策担当室課等の設置

年	月	内容
1976	7	地方課を市町村課、国際交流課
1977	5	県民部、環境部新設、企画部純化、文化室、行政センター機能強化
1980	4	自治総合研究センター発足（公務研修所改組）
	8	情報公開準備室
1982	6	都市部、都市政策課、婦人企画室
1985	4	福祉部、福祉政策課, 都市計画課都市緑化班
1986	4	産業政策課
1988	4	科学技術政策担当
1989	4	政策調整室、湘南国際村推進室、環境政策課、労政課政策担当班
1991	6	科学技術政策室

　職員の自主研究の支援、職員による研究活動の推進、自治体学の提唱、全国の自治体職員の間の切磋琢磨の場としての自治体学会の設立などを進めた。また、地方の時代の理論的基盤を固めるために、「地方の時代シンポジウム」の開催（表 5）を重ねた。

　そして、社会計画として策定を目指した新神奈川計画、市町村連合の事務局としての県の位置づけなども、職員が県民や市町村と向かい合う場面を当たり前のように設定するものであり、広い意味では行政の文化化の一環とも見ることができると思う。

表 5 　地方の時代シンポジウム

回	開催年月	テーマ一覧
第 1 回	1978・7	地方の時代
第 2 回	1979・11	地方自治の新段階をめざして〜地方の時代と行財政システムの改革〜
第 3 回	1980・11	県と市町村の新しいあり方をめざして〜地方行政改革の経験をふまえて〜
第 4 回	1981・11	地域経済〜地域経済の確立をめざして〜
第 5 回	1982・11	自治体の国際交流〜ひらかれた地方をめざして〜
第 6 回	1983・11	先端技術時代の産業と地減〜地域経済の新たな対応をめざして〜
第 7 回	1984・11	高度情報化社会と地減〜地域社会の活性化のために〜
第 7 回	1985・11	人生 80 年時代を考える〜変化するライフスタイルと地域社会〜
第 9 回	1986・11	男女共同社会の実現をめざして〜女性施策の第二段階をどのように展開するか〜
第 10 回	1987・11	地方の時代いま〜 10 年を振り返り、将来を考える〜
第 11 回	1988・11	東京問題〜地方の未来を考える〜
第 12 回	1989・11	文明と環境〜 21 世紀の地球時代に向け、地域は何をすべきか〜
第 13 回	1990・11	自治体の国際政策〜世界に聞かれた地域社会の創造に向けて〜
第 14 回	1991・11	芸術と自治体〜豊かさと感動を求めて〜
第 15 回	1992・11	ワークスタイルの転換〜 21 世紀の新しいライフスタイルを求めて〜
第 16 回	1993・11	地方の時代へ〜今こそ何をなすべきか〜
第 17 回	1994・11	地方分権から道筋を確かなものにするために〜

福祉型成長と頭脳センター構想、環境政策

　それまでの高度経済成長時代には、国際競争の中でパイを大きくする方向に進み、この結果として雇用拡大を実現した。しかし、需要の限界に直面して、時代は大きく変わっていく。需要のネックで規模拡大が出来なくなった段階で、企業は、雇用吸収力を失い、一方で規模拡大を目指して海外進出に走り、他方で効率化を図るために極力雇用を抑制する方向に転換する。

　これに対して、福祉領域は人に支えられる部分が大きく、雇用吸収力は大きい。ただ、この領域は、市場に任せておいただけでは、資金が回りにくく、給与水準も低く、人も雇うことが出来ない。高齢社会を迎え人手不足が深刻になりながら、基本となる仕組みが構築されていないため、労働者人材の偏在を是正することが出来ない。

　しかし、こちらに資金が回る仕組みをきちんと作るなら、雇用吸収力はきわめて大きいのであり、この点に着目したのが「福祉型成長」である。雇用吸収力を高めることが出来れば、そこで得られる所得を通して、既存分野の企業製品の購入水準も高まり、そのことによって全体経済としての成長が可能となる。福祉の分野の成長が、新たな形で経済成長を作り出す。さらに言えば、こうした領域で働く人たちの所得水準が高まり、既存分野の労働者との所得格差が平準化していけばいくほど、社会全体としての購買力は拡大し、成長の源となっていく。私はこれが本来的な内需型の成長パターンであると考えている。

　また、産業自体の知識集約化が脱工業社会に向けた解決の方策であるとして、1978 年に経済／エネルギー／環境／福祉政策等を括る総合的な産業政策や、そのための科学技術政策の推進を図る、「頭脳センター構想」が打ち出されている。そこでは科学技術を産業の牽引役とし、環境・福祉・医療等、人間と生活に貢献する科学技術を目指し、その実施モデルとして、21 世紀に向けた科学技術の創造拠点として「かながわサイエンスパーク」（1989 年設立）を建設するとともに、県試験研究機関の再編整備や、研究開発型企業活動の活発化を図ることとしている。

　また現在、開発途上国では、環境問題がネックとなって、成長の限界が表れつつあるが、長洲県政ではいち早く環境アセスメント条例の制定（1979 年）など、環境の改善を図る政策を通して、この限界を押し上げる取組みを進めている。

既存施設のリニューアル

　（私は「メンテナンス社会化」と言っているが、）成熟社会では、一方で非常に厳しい財政状況は避けられないものとなるので、厳しい財政の中ではハードは新たなものを作るのではなく、既存の施設等の再整備が中心になると考えている。長洲知事は、県立病院の再整備を進める「かもめ計画」、福祉施設の再整備を行う「やまゆり計画」、職業訓練施設のソフトも含めた再整備を目指す「いちょう計画」など、既存の施設等のメンテナンスに重点を置く政策を採用している。これらの計画のネーミングは、一見直接関係のないもののようでもあるが、既存施設の更新という目立たない事業にも、取組みようによって新たな装いを持たせたいとする苦肉の策と見ることが出来る。

高校建設100校計画

　人口が在任中に200万人も増加する状況の中で、特に若い世代の増加が中心であったため、半ば義務教育的な扱いが求められる高校の建設は、前政権からの引き継ぎ事項ではあったが、「15の春を泣かせるな」ということで喫緊の課題であった。このため、財政的に非常に厳しいおりではあったが、用地買収等も含め高校建設100校計画を進めて、その後3期目の終わりに達成している（1987年4月には100校目が開校）。ただ、同じような学校建設ではまずいということで、先述の「文化のための1パーセントシステム」として政策化し、特徴ある学校作りに取組んだ。既に4半世紀以上を経過した中で、人口構造は様変わりしているが、これら文化のための1パーセントシステムを適用して建設された高校が、現在どのような姿を見せているか興味のあるところである。

4　長洲県政の成果は　その後生かされたか

　3期目の途中で、滋賀県知事であった武村正義さんの訪問を受け、長洲知事の国政の場への転進の誘いがあった。1990年代に入って実際に表面化して、国政の場で日本新党などによる政権が樹立されたが、その前段での内々の動きである。長洲知事はこれへの参加を断っている。（久保孝雄氏著、「知事と補佐官」106頁（国政への意欲を失った長洲さん））。

　3期目を通して、新神奈川計画の改訂を進めていた知事は、1987年、基本構想から見直してスタートした計画推進のため、4期目を担うことをご自分の責務と考えた面もあるかもしれない。亡くなった友人、中出征夫氏の著書、「地方の時代と長洲県政」の「15章 政治家の出処進退と政治」においても、その末尾に4期目の知事選出馬の選択について、若干ではあるがいきさつが記されている。

　4期目は第二次新神奈川計画がスタートしたときであり、「活力と魅力あふれる　明日へのかながわ・くにづくり」をメインテーマとしており、1978年に始まった最初の計画の基本的理念は受け継ぐとしながらも、県土整備に重点がシフトした。また、4期目の後半には、「海・浜の秩序ある利用計画」を受ける形で、SURF '90（相模湾アーバンリゾート・フェスティバル1990）が開催されている。くにづくりプラン、SURF '90はいずれも職員の提案をベースにしている。

　また、1990年に連合神奈川が結成されたばかりであったが、当面革新政権を維持してもらいたいという趣旨で、1991年に始まる5期目継続の要請があったのではないかと推測している。

　このほか、知事の2期目の終わり頃から始まった池子の弾薬庫の場所に米軍住宅を建設する動きについて、県が調停をすべく関わるようになり、3期目後半から4期目にかけて厳しい取り組みが進められている。（詳細は、久保孝雄氏著、「知事と補佐官」175頁～185頁を参照）

長洲県政の5期目は1991年に始まり、1995年に退任されたが、この時期は最初からバブルの崩壊に重なっており、景気対策として県債の発行が拡大した。しかし、この景気対策は、持続的に需要を生み出す仕組みのない中で行われた従来型の対応であり、結果的には一時的に回復してもまたもとの状態に戻り、県債だけが累増していく状況となった（表6）。

失われた10年は、かながわでも典型的な表れを見せた。そして、1992年度からは県債残高が顕著に増加し始め、それまで6,000億程度であった残高が、知事退任後の1997年度には、ついに一般会計ベースで見たときに、その決算額をオーバーする状態になっている。これは、他の自治体でも似た状況にあったと思われるが、国についても同じで、2014年度には国債、地方債合わせて累積額は1,000兆円を超える状況となっている。構造転換が進まないまま従来型の延長での政策を続けていったツケである。

表6　財政規模と県債累積額

年度	一般会計決算額	県債現在高
1988年度	13,586	6,700
1989年度	14,344	6,419
1990年度	15,519	6,247
1991年度	16,322	6,332
1992年度	17,368	8,134
1993年度	18,039	10,096
1994年度	18,525	12,679
1995年度	18,187	14,840
1996年度	17,595	16,787
1997年度	17,401	18,426
1998年度	17,464	19,929
1999年度	17,442	20,923
2000年度	17,607	21,577
2001年度	17,101	22,060
2002年度	16,094	22,947

長洲さんの後、新しく知事になったのは大蔵省主計官を経験した、元環境次官の岡崎さんであるが、この時代に入ると、すぐに各分野の政策課は廃止され、少なくとも表面的には国に政策形成機能をお返しする状況となった。今まで述べてきたような時代の転換期への思いを抱くことがなかったと考えれば、国家公務員として国政の修羅場で政策を競い合ってきた岡崎さんにしてみれば、地方公務員の政策形成能力やその育成は、意味のないことであったに違いない。また、民際外交の考え方も、外交という言葉の使用を抑えようとする圧力に抗せず、直ちに使われなくなった。そのようにして中央集権型政策の進め方への揺り戻しは起きた。

バブル崩壊という危機は、ある意味で大きな転換を本格的に進めるチャンスであったと思う。しかし5期目に入った時点ではすでにブレインであった久保孝雄氏は県庁を去り、後藤仁氏も中枢部門を外れており、長洲政権はさらに強力に新たな政策展開を進める余力はなかったと思っている。

長洲さんは、「神奈川が変われば日本が変わる」としたが、結果的に見ると時間が経過した中では、国民全般の意識変革に繋がる取り組みは作り出せなかった。当初進めてきた、構造転換を目指すさまざまな取り組みを、全国的に展開していくには、もっと早い時期に国政の場でのチャレンジが欠かせなかったのではないか、という思いを強く抱いている。

現在、国政の場で安倍政権は、長洲知事が40年前の立候補時点ですでに描いていたポスト高度経済成長時代の構図に全く反する形で、明治以来の集権型政治運営のまま、長洲知事以前、40年以上前の高度経済成長時代の経済政策に戻って、これをアベノミクスと称して営々と進めている。ここには本格的な成熟社会の成長モデルとしての展望を見いだすことは出来ない。

いずれにしても、長洲知事は革新自治体の活躍が華やかであった高度成長期の終焉の時に知事となり、高度成長期の諸政策の構造的転換を進めることを課題としていたので、それまでの革新自治体とはやや性格の異なる政権であったと考えている。

5　長洲県政の今日的意義

長洲知事が最初の就任時に掲げた「地方の時代」を目指す諸々の政策は、任期全体を通して続けられた。ただ、4期目以降は、基本線は変わらなかったが、ややニュアンスを異にする政策展開も進められた。円高不況を乗り越えて、かながわ・くにづくりプランの推進は順風満帆の状況と思われたが、バブル崩壊までの時間はあまりにも短かった。当時の私の記録にもあるが、バブル崩壊後であっ

ても、しばらくは明確に抱かれていた構造改革を進める諸政策自体も、だんだんと見えにくくなってしまった感がある。明らかと見えた方向が、その後低迷する時期を経過する中で曖昧となり、見えていたはずの方向性も定かならぬ状況に陥って行ったと思っている。たまたま、中出征夫氏の著作を読んで、改めて当初長洲知事が目指そうとしていた考え方を、再認識することが出来た。

そして、長洲知事が立候補に際して掲げた考え方が、これからの日本社会の進むべき方向を示すものとして、今なお高い現実性を持っていると考えるようになっている。成熟社会に到達して、諸外国も手探り状態で見習うべき先進事例がない中で、構造そのものを変えていくには透徹した先見性が求められると同時に、自らの知恵を絞っていかなくてはならない。のみならず、そうした考え方が社会意識となるまでに、人々の中の共通認識にしていかなくてはならない。

そうしたときこそ、中出氏の著書の副題にあるような、「未萌の機を察して」(3期目の終わりの頃、1986年12月の月例談話タイトル。シェークスピア・マクベスの中からの引用 Look into the seeds of time……) という考え方に立ってことを進め、様々な状況の中で生まれつつある新たな方向を切り開いていくことが必要である。そうすれば失われた20年から抜け出し、未来に展望を抱くこともまた可能であると思っている。

地方の時代-市民自治を原点に置いて、多様な地域特性に応じ、それぞれ独創的で効率的な仕組みをそれぞれの地域で作り出す、また、生活者政治-生活の中で必要とされるものの総和として成り立つような政治、それに見合う市民側のニーズに基づいた経済社会の仕組みを構築し直すこと、これらのことは、現在においてもなお実現されておらず、また、実現を求められる重要な課題であると考えている。

地域が主役の時代をめざす

これからは多様性を維持発展させ、人々がそれぞれの豊かさの実をとっていく時代である。

経済が成長しない時代に入っているにもかかわらず、経済の仕組みは高度経済成長路線からの転換が十分に行われているとは言い難い。中央政府が一手に権力を握って采配するのではなく、できるだけ多様な主体に委ねることが不可欠である。その点で基本としては多様な基盤に立つ基礎自治体が自らの力で切り開いて、国はこれを支援する形になっていかなければならない。その意味で「地方の時代」である。分権型社会の内実である。当然ながら権限委譲を進めていくことになる。国は支援型へと転換し、今までのような主導する立場を止めることとする。海外知識を使って一律の政策誘導という時代ではなくなっているのである。

自治体活性化＝地方の時代　その意味で、ボトム活性社会となるべく地域でその基盤を作っていく。長洲県政で、県は市町村連合の事務局としたことは、それまでの集権国家を改めるべしということであり、象徴的な視点である。

多様性に満ちた地域社会の創造を目指すための形としては、相互交流を進めやすいフラットな形態を作り出すことが望ましい。

これからの社会を「市民社会」と位置づけ、営利活動のみではなく非営利活動を積極的に支援する形をつくる。

ヨーロッパの諸都市では、近年、新自由主義経済の行き詰まりの中で、ミュニシパリズム（地域主義）の問題提起がなされてきていますが、日本でははるか前の時点で、「地方の時代」という、市民社会へ向かう政治の方向づけが生まれていたのです。

過去の言葉を使わない　イデオロギーの時代を脱皮する

成熟社会という時代背景ののもとでは、資本主義経済に関わって主張されてきた様々なイデオロギーについては、再考してみることを提唱したい。19世紀、20世紀のイデオロギーの中のいずれかと私たちは親和性を持ちながら生きてきた。しかし、現時点ではそうしたイデオロギーが相応しいのかどうか思考実験をしてみる必要があるのではないか。

これからは資本主義経済を万能視することはできない。アメリカのような経済社会を資本主義という

なら、そこから抜け出す方法を考えるのが何よりも大事なことと考えるものである。そこで支配的なイデオロギーのために世界中に争いの種を撒かれては困るのである。

新しい地域コミュニティの創造　新しい近隣の育て方

　子どもたちは、生まれてから育っていく過程で、急速に言葉遣いを習得していきます。

　親とのコミュニケーションももちろん大事ですが、できるだけ早い時期から子どもたちの間での意味あるコミュニケーション環境が不可欠です。そこで経験的な環境で日本語……相対的敬語……を習得していくのです。多年代型子どもたちのコミュニティがあることが理想的です。

　江戸時代には武士の教育を中心として藩校が作られました。また、寺子屋での学習ということがあり、それ以外にも私塾がいくつもありました。ここでは学ぶということと同時に、日本語の言葉の使い方の習得ということが無自覚の中で進められていたと考えるものです。おそらく、江戸以前にもさまざまな日本語の使い方の習得環境はあったと思います。しかし、いずれも現在の学校教育のような同年代コミュニティではなかったことは間違いありません。現在の異なった学年の子どもたちは、ソトに位置付けてしまうことになりますから、日常的なコミュニケーション環境からはややずれるという結果になってしまうのです。

　問題は現在時点で、こうした日本語習得環境が満足な形で存在しないこと、そのことが認識されていないことが何よりも問題であると思います。保育園、あるいは学童保育の場が一定の役割を果たしていると思いますが、ここでも自覚はない。

　地域の自治会や町内会は補助金をもらうことにより公共からの伝達機関になっているきらいがあるが、本格的に都市における自治組織の復活を考えるなら、一番のテーマは、都市地域における子どもたちの新しいコミュニティの再生を図るということが最もふさわしいのではないかと考える。機能型のコミュニティからの脱皮を図るべく、知恵の発揮が期待される。

地域コーディネーター

　ウチ・ソトが峻別されている日本では、単に利益を得ることばかりを目的とする仲介者ではなく、行政同士を繋ぎ、行政と市民をつなぐ、あるいは市民と地域の企業とをつなぐ仲介者（コーディネーターと呼びたい）がたくさん生まれることが望ましい。こうしたことの制度化が進めば、多くの地域コーディネーターが手を上げてくることは間違いない。

市民メディアの構築～市民チャンネルテレビ　受け身型媒体の逆利用　ノウハウの交換の場とする

　テレビは受身の媒体で、これを活用するのは企業であるということを述べてきたが、明示的に市民を対象とした発信をする装置を作る。政府の考え方が変われば、一朝にして実現出来る方向である。新自由主義経済政策からの転換の象徴となるであろう。市民サイドで組織を作って受け皿となり、運営する。地域に通信員をボランタリーな形で参加を求め、案件の送付主体として活動してもらう。テレビは買い物をするための媒体ではなく、市民同士の情報交流の媒体としても常時使えるようにする。知恵比べが今までのテレビの形を全く違ったものに変えていくであろう。

６）国際関係

日本語の特質を再認識し、国際社会における役割を果たす

　経済的には多くの国々が成熟社会を迎えている。経済的には、実際には人々のニーズを満たすだけのものがすでに用意されている時代である。富の偏在を解消すれば、すべての人が豊かに生活できるだけのものはすでに生み出されているのだ。ここには資本主義経済を先導してきた欧米諸国の貢献もある。

自己主張社会であったために、資本主義経済の定着、発展が可能だったのかもしれない。

　しかし、経済は大きな転換点を迎えてすでに久しい。新自由主義経済が主唱されたときに遡る。その時点で、すでに今まで経験したことのない新たな段階—未踏の時代—に入ったのだ。しかし、多くの自己主張言語の国々では、相変わらず今までのような、自己主張の繰り返しの中にいて、その結果として日本人には理解し難い残酷なことも起き続けている。

　今や日本の出番ではないか。日本社会は今まで先進諸国の文物を取り込み、対等の経済社会関係を築くためにエネルギーを投入してきた。そして現在、すでに海外の取り組みに依存しなくて良いくらいに様々な物事の先端を捉えるに至った。

　日本人は、新たに得られる知見がないとみると、往々にして精神的鎖国に向かう傾向が強く、今まさにそういう感があるのだ。しかし、精神的鎖国をしているのはいかにももったいない。積極的に国際的活動に貢献できる資質を持っているということを自覚して、ことにあたる覚悟が必要なのだ。忖度言語、日本語を使う民族として、相手の立場を十分尊重しながら、あるべき方向を相手の立場に立って考え、導くことができるのだ。

　憧れを抱いたり、見下したりする対外関係は今の日本にあってはまったくふさわしくない。対等の関係に立つという国際関係の前提を踏まえて、相手の立場を十分考えながら、あるべき解決策を模索し、対外関係の新たな構築に貢献していくことが望ましい。相手の立場に立って、相互の関係を納得できる形に持っていくための知恵を発揮するのが、私たちの国際社会における役割であると思うのです。

　対等関係を前提としながらも、合従連衡で気に入らない相手を抹殺するような発想に行き着く国々の行為は、日本語人としては理解不能であって良いのである。残酷さを理解できない私たちの持つ資質の方が正常なのだと考えるからだ。そして、一歩進んで、日本語人には人々の相互の関係や、組織、国々の相互の立場を尊重しながら、平和な国際関係を作り出すことに貢献する力があると考えたい。

　平和を導く言語、日本語を持ってすれば、民族間に忖度の精神を育む。「タテ社会」の項でみたような海外の争いの実態は否定しきれないものがあるので、そのことに流されるのではなく、自らの資質に関する自覚のもとに、国際社会を好ましい方向に向かわせるための先導的役割を果たせるのだと考えたい。

SDGs について

　国連社会開発研究所におけるアジェンダ2030の日本における誤用を正し、その活動を推進することも大事である。日本社会へのSDGsの取り込み方は、現在は新自由主義経済の発想で塗り込められ、新たなビジネスチャンスといった紹介・導入の仕方となっている。これでは、「人新世の資本論」で斎藤幸平さんが捉えたような見方、「アヘン」というような見方になってしまうのである。やや短絡的な感のある見方ではあるが、日本の経済界での取り上げ方を見れば、あながち否定できないところである。

7）21世紀の経済システムとしての社会的連帯経済

社会的連帯経済の普及

　社会的連帯経済の普及ということですが、これは今私たちのグループがやっている普及活動なのですけれども、要するに、経済の仕組みとして人間中心の経済の仕組みを作っていく。営利企業だけではなくて、非営利の分野も包み込んで全体としての仕組みとして考えていかないといけないということなのです。

　今だと、賃上げ、賃上げと言っているけれど、あれは新自由主義経済の延長、営利企業の世界での話しかしていない。非営利の世界で賃上げしようと言ったら、行政からの金が出ないというか、むしろ削られてしまっているのが実態です。行政の金はそちらに使うべきだ、というのがこれからの時代ではな

いでしょうか。こうした考えを進めるのが社会的連帯経済です。

少し前に、「社会的連帯経済の道」というのを書いたのですけれども、様々な領域全体を整合性がとれた形で作り上げていく。今まで第8章で申し上げたようなこともそれぞれ社会的連帯経済の一つの要素になってくると思うのです。

社会的連帯経済

社会的連帯経済は、経済の循環システムを維持しながら、すべての人が豊かな生活の保障ができるような人間中心の経済システムに導くことを目的としていると理解している。

経済的には地産地消や、大量生産社会から多品種少量生産社会への移行が行われていくようになるであろう。その際、ニーズ把握システムを組織に組み込むことも忘れてはいけない。

私が役所に勤めていた（2003年度末まで）時は、少なくとも一度も「社会的経済」あるいは「連帯経済」、「社会的連帯経済」といった言葉は聞いたことはありません。また市民の間で営々と行われてきた活動を積極的に支援するという形よりは、国からの指定メニューに応募する今までの形で、国が採否を決め、採用されたものに支援を行うという形が主流となってきたのが実態である。現在は、少しずつ民間の活動に対する行政の支援も広がってきていると思っていますが、民間で行われている活動に着目して、これと連帯し、支援するという地域発の活動・事業に対する支援メニューは、まだほとんどないと言って良いであろう。

ただ、1990年代の阪神淡路大震災を大きな契機の1つとして、市民活動の高まりの中で市民活動促進を目指して組織的な活動を進めることを奨励する意味合いで、法律制定の動きが高まりました。これは、民間における公共性を持った活動を、認知する法律でもあったと言えます。1990年代は、こうした民間エネルギーの高まりの中で変化の生まれる可能性もあった時期ということができます。行政が全てを担うのではなく、市民のボランタリーな活動を継続的に進めるために、法人化を推進しようというものでした。政府の予算は、企業の拡大再生産の支援メニューをやめて、市民の公共性あふれた事業支援に転換すべき時であると言えます。需要力拡大への道はここにしかありません。

しかし、1990年代末、そうした方向で国の行政構造を変えるべく期待されたはずの組織改革は、明確なこのことの認識もなく、単なる省庁の再編をしたにとどまってしまいました。

現在、需要力の拡大が何よりも大事であると考えるところであるが、拡大しようとする需要の内容は、貧困脱出と軍事力との間で綱引が行われているのが現状である。軍事力拡大に傾けば、貧困は高まる。W.W.ロストウが描いた成熟社会の1つの姿です。軍事産業の荒稼ぎ、需要拡大措置の一つとしての軍事力の展開が進むということは、アメリカのような方向を目指すと言って良いでしょう。アメリカの再生の近道は、むしろ軍事力の削減にしかないと思うのだが、現状は真逆の道を進もうとしている。同じように、これからも日本が軍事力の拡大に進むとすれば、貧困化をすすめるだけですから、戦争で滅びるか、貧困で滅びるか、いずれにしても滅びの道しかないと判断してまず間違いないであろう。

GSEF（グローバル・ソーシャル・エコノミー・フォーラム）について

GSEFは元ソウル市長であった、故パク・ウォンスン（朴元淳）さんの提唱で2013年から始まったアジア発の国際フォーラムである。グローバル化が進む資本主義経済においては、市民の側でも社会的経済にかかる活動も国際連携のもとで進めていく必要があるという趣旨の、民間サイドを主体とした活動であると理解している。2014年再度ソウル市で開催された後、1年おきに開催されることとなり、大陸間持ち回りのようにして開催されている。（現在は、ソウル市の政権が変わってしまったので、事務局はフランスのボルドーに移っている。政争しか頭にないために社会的連帯経済の意義を理解できない政権に変われば組織自体が埋没しかねない面があるが、今のところなんとか持ちこたえている。ただフランスは社会的経済の発祥の地でもあり、非常に的確な事務局活動が進められていると認識している。）

ところで、GSEFに参加した時、モントリオールやビルバオ大会では30ぐらいの政府や自治体の市長や副市長といった方々が壇上に並んで、メッセージを発信するスタイルがとられていました。30~40名も

のメンバーが団体で参加しているのに、私たちの代表が壇上で話をする機会は全くないまま推移していった。全くお呼びがかからなかったのである。なぜ民間の活動を主体とする活動であるのに、私たちには機会が与えられず、行政や議会の人たちだけが特別扱いされるのか、不満だったのです。

しかし時間が経過して、ようやく理解できるようになった。今考えると、これらの人は活動する社会的経済活動を推進するリーダーでもあり、その活動状況を大会参加者に知らせるために壇上に席が作られたのです。首長や議会代表はまさに民間の活動を中心的に推進してきた人たちなのである。民間の社会的連帯組織などにおいて、政府・自治体を巻き込んで活動を進めてきた中核的な人たちであるのです。そうした自治体市長や議会代表の人たちが推進してきた社会的経済の活動状況を発表する、あるいはその気構えを発言する機会があって当たり前なのだということです。

そして、社会的連帯経済とは？ という設問に接した中での照会の文書で、さらに本質的なところに思い至りました。

参加する私たちの団体に首長や議会関係者はいるかと聞いてきたのです。社会的連帯経済を強力に推進しているところでは、政府（そして自治体）自体が、市民の政府となっているということだということです。市民が求める方向を実現するために活動することが当たり前の社会になっていることの証左だったのです。その意味では、日本はまだまだ社会的連帯経済の理念を理解して、この理念に即して活動する政府や自治体の代表がいないのだということを痛感させられたのです。

8）成長しなくても豊かな社会を作っていく

成長しなくても豊かな社会を作る

それからこれは私の中でまだ整理できていないのですが、「成長しなくても豊かな社会を作れる」という本に接し、衝撃を受けました。

これは「Less is More」という原タイトルで日本語訳のタイトルでは「資本主義経済の次の世界」となっています。

このままいけば地球が滅びる。もうそういう時代に入ってきている。そして拡大再生産というのはもう成り立たない。特に先進国の拡大再生産はやめた方がいい、少ないほど豊かである、Less is More という言葉です。

そういうふうにしないと、地球がもうどんどんまずい状態になってきている。この本の最初の方に出てきているのですけれど、昔は中古車を走らせていると、生物、昆虫とかが前面の窓にものすごい量がへばりついて、それを落とすのが自分の仕事だったと、アフリカで生まれ育ったと推定されるその著者が言っています。だけれど、今は同じところを走っても全然そういうものがつかなくなってしまっている。昆虫さえ死滅してしまいつつある時代になっている。動物も同じような状態になっている。一般的に今いるのは家畜だけです。家畜だけは生かされているが、この状態は永久に続くものではない、というのがその著者の言い方で、気候変動で平均気温が1.5度を上回ることは確かなのだけれど、そういう状態で地球全体がもう持続可能ではないというふうなことを書いている、説得力の塊のような恐ろしい本です。（最近の熊の出没ということも、そうした危機の1つの表れであることは間違いありません。）

よく、ウィルスが人間の体で勢力を増して、結果として命が絶えると、それに伴いウィルスも死に絶えるということになるのですが、人間が地球を食い尽くして地球の生命が死に絶えるまでになると、人間も生きていることはできなくなる、そんな暗示のように思われます。人間は地球に寄生するウィルスに過ぎないということになるのでしょうか？

いずれにしましても、これからは、そういうところも含めて考えていかなくてはいけない時代になっているのではないかというふうに思っているところです。しかし、日本人の持っている資質というのはとにかく「忖度」があるのですから、（自分の考えを持ちながら相手の気持ちも損なわないようにやっていって、説得をしながら社会の仕組みを作っていくというふうな言語を我々は持っているわけですから、）

すごい可能性を持っていると言っていいのではないかと思うのです。

　私にはもはや自分では何もできる環境はないのですけれど、海外の子どもたちに赤ちゃんの時に日本に来てもらって、そこで日本語環境で育ってもらう。そしたら外国籍であっても日本語人が簇生することで、世界が変わるのではないか、などと考えているところです。

　その子どもたちがある年齢まで育って、自分の国に帰って少なくとも将来展望を考えるということで、そうした人たちが指導力を持つようになっていけば、他者の気持ちをきちんと忖度するようになり、世界も変わる可能性があるのではないか、というふうな、ほんとうにいい加減な発想を持っているのですけれど、大体そんな感じです。

　ロジャー・パルバースさんの言った「世界共通語としての日本語」というのも、あながち非現実なことと言い切る必要はないということかと思います（「驚くべき日本語」集英社インターナショナル　知のトレッキング叢書　2014.1.29）。

2 極分化の阻止が最大の命題

　2極分化を阻止することが資本主義社会を護ることになるのだと言う自覚を政治家は持ってもらいたい。この四半世紀の最も大事な時期に、国民はすでに新たな胎動を何度も選択していた。しかし、権力の亡者たちに過去へ引き戻された。

「資本主義の次にくる世界」書評

　　　　　　　　　　LESS IS MORE　ジェイソン ヒッケル著　2020年
　　　　　　　　　　　　　　　　訳：野中香方子（きょうこ）さん
　　　　　　　　　　日本語版は2023年5月発行（東洋経済新報社）

　この本も、久保孝雄さんに紹介されたものです。アマゾンに注文して昨年10月4日に届いたのですが、なかなか読み進めることができませんでした。本を読み直すことは今まであまり記憶がないのですが、この本については読み直しても、なかなか頭の整理ができないため、今年に入って、ついに全文デジタル化して、その上で主要部分を抜粋して感想をまとめようと思い立ち、ほぼ今日（1月28日）まで、この作業をすることになりました。

　付箋をつけて読んでいたのですが、これがやたらと多くなって、そのままでは抜粋もままならないなと思ったこともあります

　しかし、本文296ページ（約20万字弱）、注28ページを加えると24万字弱のデジタル化は少し根気がいります。スマホでxScanというソフトを使って行いました。誤変換は極めて少ないソフトですが、縦横自由自在の日本語の特質に対応するのはかなりたいへんなようで、行の順、全角半角の処理などはまだあまりうまくいっていない面があります。（それでも、私が当初購入したときの状態からは相当改善されてきています。）

　原文がわかりやすいのか、翻訳がすばらしいのか、それぞれの部分は大変わかりやすく感じました。にもかかわらず、全体を読みこなすのはかなり大変だったわけですが、著者紹介をみると「経済人類学者、英国王立芸術家協会フェロー」とあり、展開のスケールがやたらと大きく、未知の領域をうまく咀嚼できない面があってなかなか呑み込めない部分が続いたのかもしれません。読んだ後から忘れてしまうので、全体のロジックを理解するのはなかなか難しい面があります。たくさん抜き出しながらロジックを追うのであれば、全文をまずデジタル化した方が後がやりやすい、と思った次第です。

今にして考えますと、英文のタイトルでもあり、表紙の帯にもありますように、「少ないほうが豊である」という主張になるかと思います。

全体構成は、

はじめに	人新世と資本主義	38 頁	24,000 文字
第1部	**多いほうが貧しい**		
第1章	資本主義　　その血塗られた創造の物語	41	29,000
第2章	ジャガノート（圧倒的破壊力）の台頭	44	29,000
第3章	テクノロジーはわたしたちを救うか？	40	27,000
第2部	**少ないほうが豊か**		
第4章	良い人生に必要なものとは何か	37	24,000
第5章	ポスト資本主義への道	44	30,000
第6章	すべてはつながっている	40	27,000

とありますように2部構成で、第1部は、資本主義が作り出す貧困、さらには、これから先地球の崩壊をもたらす環境破壊について展開し、第2部では、少なくても豊かである国家や社会について、何を転換していく必要があるか、そしてその先にある人間社会に存在する「希望」について述べています。

「はじめに」のところで全体の方向がほぼ示されているように思いますので、ここではこの部分の流れを見てみたいと思います。

著者の実体験として昆虫の減少ということからこの「はじめに」がスタートしていることがまず驚きです。気候変動という大上段から入るのではなく、昆虫の減少という経験への立ち合いから入っていき、生物多様性の破壊を通した気候変動等、その背景にある課題として資本主義の問題を取り上げる形になっています。
　最大の問題は、資本主義の持つ特質として、これからも飽くなき「成長」を追い求めていくとするならば、人類社会の崩壊がそう遠くない時期にもたらされるということでしょうか。テクノロジーの進化でことが解決されることはないし、またグリーン成長なら可能ということもありえないとしています。そして、成長しなくても豊かになれるのだという多くの国々の事例を示すことにより、脱成長で豊かさを実現することができるとしています。

本書が語るのは破滅ではない。語りたいのは希望だ。どうすれば、支配と採取を軸とする経済から生物界との互恵に根差した経済へ移行できるかを語ろう。
──「はじめに 人新世と資本主義」より

以下、「はじめに」の中から少し抜粋をします。

「成長は自然な現象であり、あらゆる生物は成長する。しかし自然界の成長には限界があり、生物はあるところまで成長すると、健全な均衡状態を維持する。成長が止まらないのは、言うなればコーディング・エラーで、がんなどで起きる。細胞が成長そのものを目的として複製し続け、やがて死をもたらすのだ。」（p27-28）

経済成長が永遠に続くというのは資本主義についての幻想

「GDPは、エネルギーおよび資源の消費と連動しており、この連動は資本主義の歴史を通じて続いてきた。両者がきっちり連動しているわけではないが、生産量が増えるにつれて、世界経済は年々より多くのエネルギーと資源を消費し、大量の廃棄物を生み出してきた。現在では、科学者が「プ

ラネタリー・バウンダリー」〔地球の限界 地球上で人間が安全に生存できる限界〕として定量化した限界を大幅に超え、生物界に破壊的な影響を及ぼしている」(p28)

「問題を引き起こしているのは高所得国で、そこでは成長が「必要」という概念から完全に遊離し、人間が繁栄するために必要な量をはるかに超える成長が長く続いている。地球規模の生態系崩壊のほぼすべての原因は、高所得国の過剰な成長、とりわけ超富裕層による過剰な蓄財にあり、グローバル・サウスと貧困層は不当に傷つけられている」(p28-29)

「クリーンエネルギーは排出削減に役立つかもしれないが、森林破壊、乱獲、土壌劣化、大量絶滅を防ぐためには何の効果もない。動力源をクリーンエネルギーに変えても、成長に取り憑かれた経済は依然としてわたしたちを生態系破壊へと邁進させるのだ。」(p30)

「成長は構造上の必然であり、鉄則である。その上、鉄壁のイデオロギーに支えられている。右派と左派の政治家は、成長がもたらす配当の分配については言い争うかもしれないが、成長の追求に関して、両者に隔たりはない。成長主義とでも呼ぶべきものは、近代史において最も強力なイデオロギーの一つになっており、誰も立ち止まってそれを疑おうとしないのだ。」(p30)

「成長志向の経済では、人間の影響を減らすのに役立つはずの効率向上が、成長目標を推進するために利用され、ますます多くの自然を原料採取と生産のサイクルに放り込むからだ。テクノロジーではなく、成長が問題なのだ。」(p31)

「脱成長の素晴らしい点は、経済を成長させないまま、貧困を終わらせ、人々をより幸福にし、すべての人に良い生活を保障できることだ49。それこそが脱成長の核心である。」(p37)

そして

「本書では、この夢について語ろう。その旅では500年に及ぶ歴史を辿ることになる。まずは現在の経済システムのルーツを探究し、このシステムが何を原動力として、どのように定着したのかを見ていこう。その後、生態系の崩壊を逆行させ、ポスト資本主義経済を構築するための堅牢で実践的なステップについて検討する。さらには大陸を横断し、わたしたちの想像の限界をはるかに超える方法で生物界と交流している文化やコミュニティを訪ねよう。

　今はまだ、その可能性はかすかなささやきにすぎないが、ささやきはやがて風となり、いずれは世界に旋風を巻き起こすだろう。」(p43 − 44)

　全体的な基調はこのようなことであると思いますが、以下、少しだけ抜粋をさせていただきます。

　第1部で「多いほうが貧しい」というのは逆説的な表現ですが、資本主義で求める「成長」の過程で世界的に植民地化を通して資源（人的、物的）の収奪が進み、人々の労働力化が進むことによって、貧富の格差がどんどん拡大していくという現象を述べているように思います。

「地球規模でバランスが崩れ始めたのは、この数百年間に資本主義が台頭し、1950年代から産業化が驚異的に加速するようになってからだ。それを理解すれば、問題に対する考え方が変わる。この人間の時代は「人新世」と呼ばれるが、この危機は人間が引き起こしたわけではない。真の原因は、ある経済システムにある。このシステムは最近になって始まり、歴史上の特定の時代に特定の場所で発展した。現代は人新世（アントロポセン）ではなく———資本新世（キャピタロセン）と呼ぶべきなのだ。」(p46-47)

「資本主義が誕生したのはわずか500年前だ。資本主義の特徴は、市場の存在ではなく、永続的な成長を軸にしていることだ。事実、資本主義は史上初の、拡張主義的な経済システムであり、常にますます多くの資源と労働を商品生産の回路に取り込む。資本の目的は、余剰価値の抽出と蓄積であるため、資源と労働をできるだけ安く手に入れなくてはならない。言い換えれば、資本主義は、「自然と労働から多く取り、少なく返せ」という単純な法則に従って機能しているのだ。」(p47)

90

また第5章では、現在の破壊的成長の波を、緊急措置として止めるために五つの提案がなされています。

　　　大量消費を止める5つの非常ブレーキ
　　　ステップ1　計画的陳腐化を終わらせる
　　　ステップ2　広告を減らす
　　　ステップ3　所有権から使用権へ移行する
　　　ステップ4　食品廃棄を終わらせる
　　　ステップ5　生態系を破壊する産業を縮小する

　資本主義経済の目的が、単に拡大再生産をするということであるとしたら、際限ない拡大再生産をいつまで続ければいいのか、示してもらいたいものです。地球の資源を使い尽くして、物理的に作り続けることができなくなるまで、ということでしょうか。

おわりに

　今年は遅れて1月になって年賀状を出すことになってしまったのですが、数日後に加藤彰彦先生から返事をいただいて、その中に一度お前の日本人論を「横浜アカデミア」（加藤先生が主宰する会）で聞かせろという趣旨のお話がありました。

　今までも話をするようにとのお話はいただいていたことがあるように思っておりますが、日本人論をということでお話をいただいたのは初めてだったような気がしています。そして、そうか、私の書いたものを日本人論と捉えてくださっているのだとびっくりするとともに、「その線でまとめ直しをしてみたい」という気持ちに駆られて、お返事を差し上げました。

　もとより、私の発想は日本語の敬語問題をベースに、日本人の特質を書いているので、日本語論と言った方が良いかもしれませんが、最大の関心は、これが現在の日本社会とどう関わっているかということです。

　今回これが十分展開できたかどうかなんとも言えませんが、まとめる過程で今までにない見方を発見することができ、自分としては大変よかったと思っております。その意味で、日本人論をとおっしゃってくださった加藤先生に心から感謝申し上げる次第です。

　全体の展開にあたっては、資本主義経済の発展と成熟経済への移行という大きな変化によって、現在の私たちの立ち位置、これからどのような方向を見出すことができるか、という点で、私なりの視点をはっきりさせることができたと感じています。前に書いたものより、もう少しわかりやすくなるように心がけましたが、果たしてどうかということに関しては、これを読まれた皆様にご判断いただくしかありません。

　私は、ちょうど20年前に地方公務員をやめた人間ですので、時間も経過しており、また国の組織などについてはよく知らないわけで、みてきたようなことを書いて間違いとホラの入り混じった記述ではないかと思われる方もいらっしゃるかと思います。この点はご指摘いただけたらありがたく存じます。私が勤めていた役所は、国の真似をすることが得意だったので、そこからの類推で書いているものです。

　また、途中曼荼羅で整理してその出力をベースにまとめることにしたのですが、このため、今まで考えていなかったような新しい見方を組み込むこともできました。

　現在は、日本人の特質は、日本語から生まれているという点については、さらに強い確信に変わりつつあります。その意味でも、多くの皆様にお読みいただき、ご意見。ご批判を頂けたらと思う次第です。

2024年6月

井上良一

付　録

「なぜ日本人は世界の残酷さを理解できないか」曼荼羅について

経過

　この曼荼羅は、友人の小林信三さんが開発したシステムです。空海や、遡ってサンスクリット語の勉強をして、小林さんはその時の曼荼羅を情報システムとして現代に再現したのですが、そのシステムを使って、曼荼羅表現をしてみたものです。

　今回、加藤彰彦先生から、私の日本人論を話してみるようにとのお話をいただいたため、今まで別の冊子でお示ししてきたことを、お話しする事前準備として日本人論という視点から捉え直してみましたところ、かなりボリウムになりました。そこで、これをベースに曼荼羅展開してみたいと思い立ち、作業を進めたところです。会でお話しする際には、パワーポイントなども作ったのですが、終わってみると全体に雑然としていたため、まとまりのない幾つかのペーパーを再整理し、作ってあった曼荼羅に修正を加えたものが現在のものになります。

　今回の冊子の副題にありますような「日本語特性から見たこれからの日本社会の展望」について書いているのですが、曼荼羅展開をしているうちに、主タイトルが上記のような形になりました。日本語特性を典型的に示している例になると思い至ったからです。

　曼荼羅は、私たちが抱えるさまざまな課題を見つめ、自らの方向を見定めていく上で、非常に価値ある媒体であると考えており、今回も、まとめるうちにさまざまなことを考える契機となったように思います。特に、曼荼羅と通常のペーパーとの往復の中で、思考過程が鮮明化したことを感じております。実際にどのように見えるか、これは皆様にご判断いただくしかありません。

情報システムとしての曼荼羅について、若干の説明

　下の URL で現時点における曼荼羅をご覧になることができます。

　　https://bit.ly/3yyisdp

　曼荼羅を表示していただいた後、Mandala-64 を開いていただき、この中の項目をクリックしていただくと、その項目に関連した事項をご覧いただくことができます。（そこにリンクが貼られているものについては、「Web Contents」をクリックしていただくと、新しい飛び先にシフトします。）元の曼荼羅に戻る場合は、右下の X をクリックしてください。

　今回の冊子は、8 章構成、それぞれが 8 サブタイトルで構成されていますが、裏表紙にお示しした曼荼羅 -64 をご覧いただくと一目瞭然の形になっております。各章の構成は、曼荼羅の 6 時の位置から時計回りとなっており、8 章にわたる全体構成も、同じ構造になっておりますので、私の思考過程をご覧いただくことも簡単にできるかと思います。

　この曼荼羅は、それぞれの項目別に見ていかなければならないので、なかなかこまかな内容まで見ることが面倒だったのですが、小林さんが、その全体を通常のファイル展開し、見ることができるようにしてくれました。

①レポート出力

この曼荼羅の Mandala-64 のタブをクリックしたうえで下の方向に少しスクロールしていただくと、右から 3 つ目に「Report」というタグがあります。これを 1 クリックすると、Html ファイルがダウンロー

ドされます。これを開いていただくと目次（Table of Contents）つきで曼荼羅の全体がファイルとして作成されますので、もし目次の中に興味のある項目などありましたら、クリックしてコンテンツをご覧いただければと思います。目次に戻る際は、それぞれの項目の右下にある Table of Contents をクリックしてください。

②eBook 出力

また、Report タグの左にある「eBook」をクリックしていただくと、Report の時と同じコンテンツを電子書籍としたものがダウンロードされます。Report と同じような形でご覧いただくことができます。御覧いただくときは、表示 > フルスクリーンにする　でご覧いただくと見やすさが増すと思います。

曼荼羅の方も含めて、ファイルが壊れるということはありませんので、適当にクリックをしてご覧になっていただければと思います。

今回お示しした曼荼羅は、主として文字の羅列になっておりますが、このシステムには図・絵・写真あるいは動画も自在に組み込めるものとなっております。

この曼荼羅は、「金剛界曼荼羅」と言いますが、空海の時代に曼荼羅で表現しようとした形の現代版とも言え、現代のさまざまな課題に展開できるものと思っております。

③両界曼荼羅

また、曼荼羅は通常、「両界曼荼羅」と称して、金剛界曼荼羅のほか、胎蔵界曼荼羅という形があります。この小林さんのシステムは、胎蔵界曼荼羅の領域も組み込まれております。また、この両界曼荼羅の間をシステム的に行き来することもできる形となっております。（両界曼荼羅とは何か、という点についてはウィキペディア（https://t.ly/t2ijS）をご覧ください）私自身は、胎蔵界曼荼羅のシステムは、使いこなせば、金剛界曼荼羅から世界を拡げる情報検索システムと言えるのではないかと思っています。

生成 AI の仕組みの組み込み

この曼荼羅には、ChatGPT、Gemini（Google）、Claude によるコメント作成が追加されています。AI のコメントを得て、またこれに対する感想・反論・意見を書いていった結果として、この AI ソフトの有用性を改めて認識できます。設問の設定（つまるところ、曼荼羅の項目の作り方）次第で、かなり具体的なコメントが得られるということがわかった次第です。今回の曼荼羅のある部分には、あくまでもごく一部ですが、ChatGPT を使って元の文章の要約を作成してみたものも入っております。

「社会的連帯経済への道」曼荼羅

以前作成した、「社会的連帯経済への道」に関する曼荼羅も参考のために URL を載せておきます。この本のコンテンツを見る場合、若干テクニックを要しますが、冊子全体の内容をご覧になることができます。

https://bit.ly/4ceY2Ec

曼荼羅システムについて興味のおありの方は、小林信三さんが関係する、以下のサイトもご覧ください。

銀河まんだら村 > https://note.com/mandala_village/
国際★デジタルまんだら > https://sites.google.com/view/axive-knowledge/

■著者紹介

井上良一（いのうえ・りょういち）

1943年生まれ

1967年　慶應義塾大学経済学部卒。神奈川県庁勤務。2004年3月同庁
　　を定年退職。在職期間の半分以上、土木工事費積算、人事異動、都市
　　情報、神奈川のシステム・ダイナミクスモデル開発などのシステム開
　　発業務に従事。また、県在職中より、日本語の特質からくる日本社会
　　の特徴について、関心を抱いてきた。

現在：社会的連帯経済を推進する会の事務局の一員として活動。

著書：『［なじみ］の構造　日本人の時間意識』（1996年、創知社）、『日
　　本語人のまなざし　未踏の時代の経済・社会を観る』（2018年、社会
　　評論社）、『社会的連帯経済への道［続］未踏の時代の経済・社会を観る』
　　（2021年、社会評論社）

なぜ日本人は世界の残酷さを
理解できないか
〜日本語特性から見た　これからの日本社会の展望〜

2024年9月25日　初版第1刷発行

著　者　井上良一
発行人　松田健二
発行所　株式会社 社会評論社
　　　　東京都文京区本郷 2-3-10　〒 113-0033
　　　　tel. 03-3814-3861/fax. 03-3818-2808
　　　　http://www.shahyo.com/

表紙刺繍　井上圭子
装幀・組版デザイン　中野多恵子
印刷・製本　倉敷印刷株式会社

JPCA　本書は日本出版著作権協会（JPCA）が委託管理する著作物です。
日本出版著作権協会　複写（コピー）・複製、その他著作物の利用については、事前に
http://www.jpca.jp.net/　日本出版著作権協会（電話03-3812-9424、info@jpca.jp.net ）
の許諾を得てください。

＊既刊

井上良一 著
「日本語人」のまなざし 未踏の時代の経済・社会を観る A5 判 2,200 円＋税

井上良一 著
社会的連帯経済への道 続 未踏の時代の経済・社会を観る A5 判 2700 円＋税

丸山茂樹 著
共生と共歓の世界を創る グローバルな社会的連帯経済をめざして A5 判 2,200 円＋税

野本三吉 著
まちに暮らしの種子を蒔く いま、この時代を生き抜くために 46 判 1700 円＋税

アジア宗教平和学会 編
平和構築の原動力としての宗教 アジアの社会政治背景を中心に A5 判 2000 円＋税

堀利和 編著
障害者たちが生きる時代を問う アソシエーション・コモン社会への展望 46 判 1700 円＋税

金明中 著
韓国における社会政策のあり方Ⅱ 韓国における少子化、格差、葛藤の現状 A5 判 2500 円＋税

田中由美子 著
思春期の子どもと親、それぞれの自立 50 歳からの学び直し 46 判 1400 円＋税

関根友彦 著　亀﨑澄夫、岡本英男、櫻井毅 編
私が学んできた経済学 新古典派理論から宇野理論へ A5 判 2600 円＋税

三木由和 著
ちょっとうるせぇ障害者 A5 判 2000 円＋税

白川真澄 著
脱成長のポスト資本主義 A5 判 2500 円＋税

荒木弘文 著
科学思考 百人百様を一様にまとめるマジック 46 判 1500 円＋税

池上惇、池田清、金井萬造 編著
「ふるさと創生」学びと結 開拓者精神の復権 京都 神戸 遠野・住田からの問いかけ A5 判 1800 円＋税

ISBN978-4-7845-2811-0

C0030 ¥2000E

社会評論社

定価（本体2,000円+税）

なぜ日本人は世界の残酷さを理解できないか
Mandala-64